AF536229

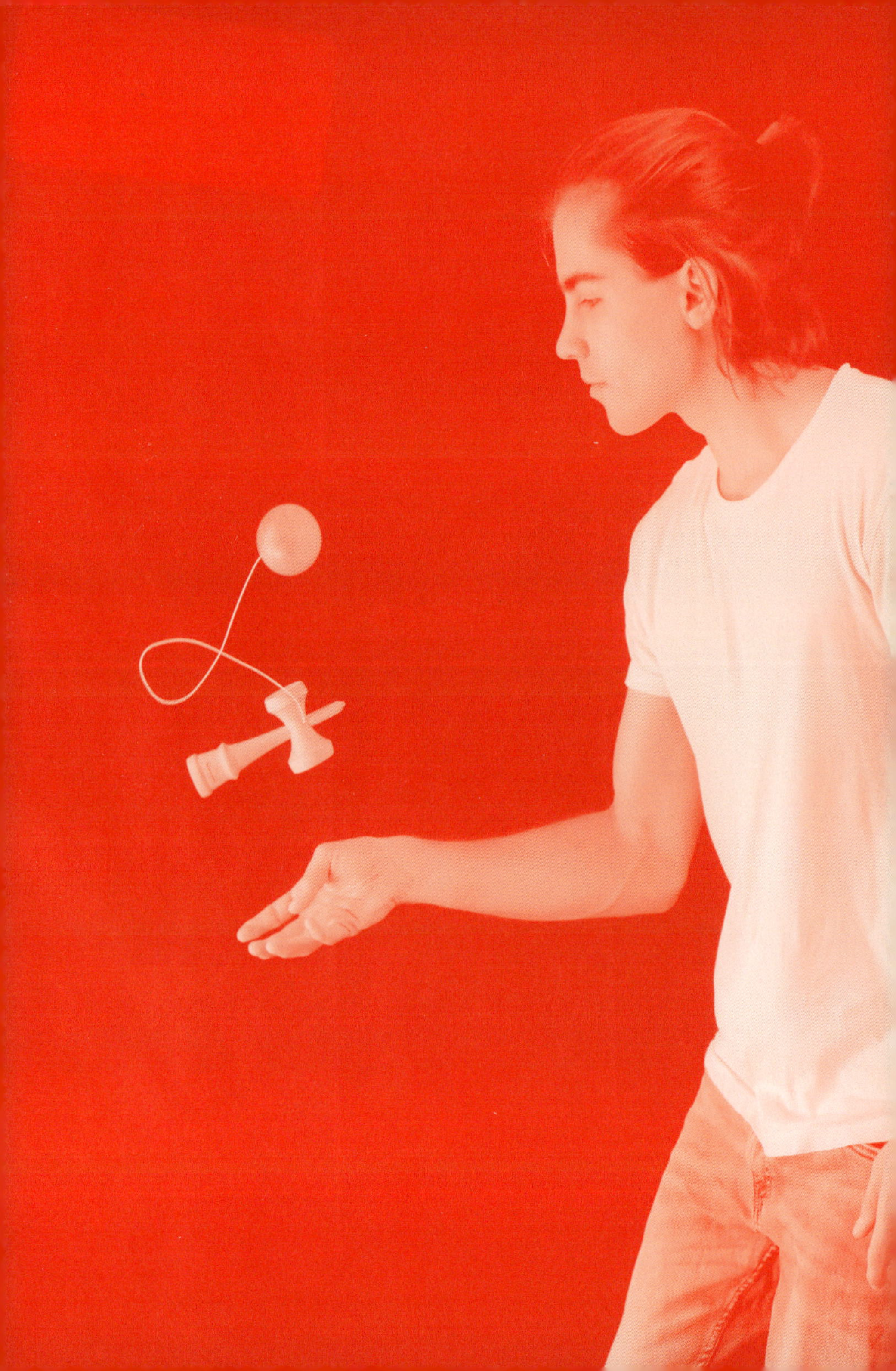

KENDAMA!

Der Beginner-Guide für deinen Einstieg in die Welt des Kendamas

Spielerische Förderung von Koordination und Konzentration

LUKAS J. BECK

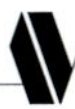

Kendama!
Der Beginner-Guide für deinen Einstieg in die Welt des Kendamas
Lukas J. Beck

ISBN 978-3-9504831-1-6

3. Auflage, 2021

Grafische Umsetzung: Hans Proschofsky
Lektorat: Ajana Scheutz
Fotos: Eximie Graphics
Satz: Ralph Darabos

INHALT

VORWORT

S.E. KIYOSHI KOINUMA

Japanischer Botschafter in Österreich

Als Botschafter Japans in Österreich ist es für mich eine besondere Freude, dass dem Kendama, einem Spiel aus meiner Heimat Japan, nun auch ein Buch in deutscher Sprache gewidmet wird.

Kendama ist ein traditionelles Geschicklichkeitsspiel, bei dem eine Holzkugel auf einem Holzgriff platziert werden muss. „ken" bedeutet auf Japanisch Schwert, „dama" steht für Kugel. Die meisten Kinder in Japan haben irgendwann einmal Erfahrung mit dem Kendama gemacht. Auch ich erinnere mich gut an das Wetteifern mit Schulfreundinnen und Schulfreunden um die besten Tricks mit dem Kendama.

Das Kendama hat in Japan eine lange Tradition. Erste schriftliche Erwähnungen reichen bis in die Edo-Zeit Anfang des 19 Jahrhunderts zurück, als das Spiel vermutlich über die Seidenstraße nach Japan kam. Im Gegensatz zu heute wurde Kendama damals von erwachsenen Personen als eine Art Trinkspiel gespielt, bei dem der Verlierer Sake trinken musste.

Die Beschäftigung mit dem Kendama hat viele positive Eigenschaften, sie fördert spielerisch das Körper- und Balancegefühl sowie die Konzentrationsfähigkeit und verbessert die körperliche Fitness. Bereits in der Meiji-Zeit 1876 erwähnte das japanische Bildungsministerium das Kendama-Spiel in einem Pädagogikhandbuch, was dazu führte, dass das Spiel unter Kindern an Popularität gewann.

Mit der Gründung der Japan Kendama Association 1975 wurde das Regelwerk des Kendama-Spielens schließlich standardisiert, wodurch die Austragung von Wettkämpfen möglich wurde. Heute ist Kendama längst nicht mehr nur ein Geschicklichkeitsspiel für Kinder, sondern wird auch als ernsthafter Wettkampfsport ausgeübt.

In den vergangenen Jahren hat das Kendama-Spiel international zunehmend an Beliebtheit gewonnen und auch in Österreich werden bereits Wettbewerbe durchgeführt.

Dies ist unter anderem dem außerordentlichen Engagement von Lukas Beck zu verdanken, der mit der Gründung von Kendama Austria und der lokalen Produktion von in Österreich handgefertigten Kendamas den Grundstein für eine erfolgreiche Verbreitung dieses Spieles gelegt hat.

Der Erscheinungszeitpunkt des deutschsprachigen Kendama-Guides könnte nicht günstiger gewählt sein, fällt er doch in ein bedeutendes Jubiläumsjahr. Denn im Jahr 2019 feiern Österreich und Japan das 150-jährige Jubiläum der Aufnahme diplomatischer Beziehungen. Die langjährigen freundschaftlichen Beziehungen zwischen unseren beiden Ländern und der intensive Austausch werden nun um einen weiteren Aspekt bereichert. Ich wünsche mir, dass mit Hilfe dieses Buches das Kendama-Spiel als Teil des japanischen Kulturgutes einer breiten Öffentlichkeit in Österreich zugänglich gemacht werden kann und möchte Lukas Beck für sein großartiges Engagement und seinen Beitrag zur Förderung des Kulturaustausches von ganzem Herzen danken.

Ich wünsche allen Leserinnen und Lesern viel Spaß bei der Lektüre und würde mich freuen, wenn einige von Ihnen, motiviert durch dieses Buch, ihre Leidenschaft für das Kendama-Spiel entdecken.

Kiyoshi Koinuma
Botschafter von Japan in Österreich

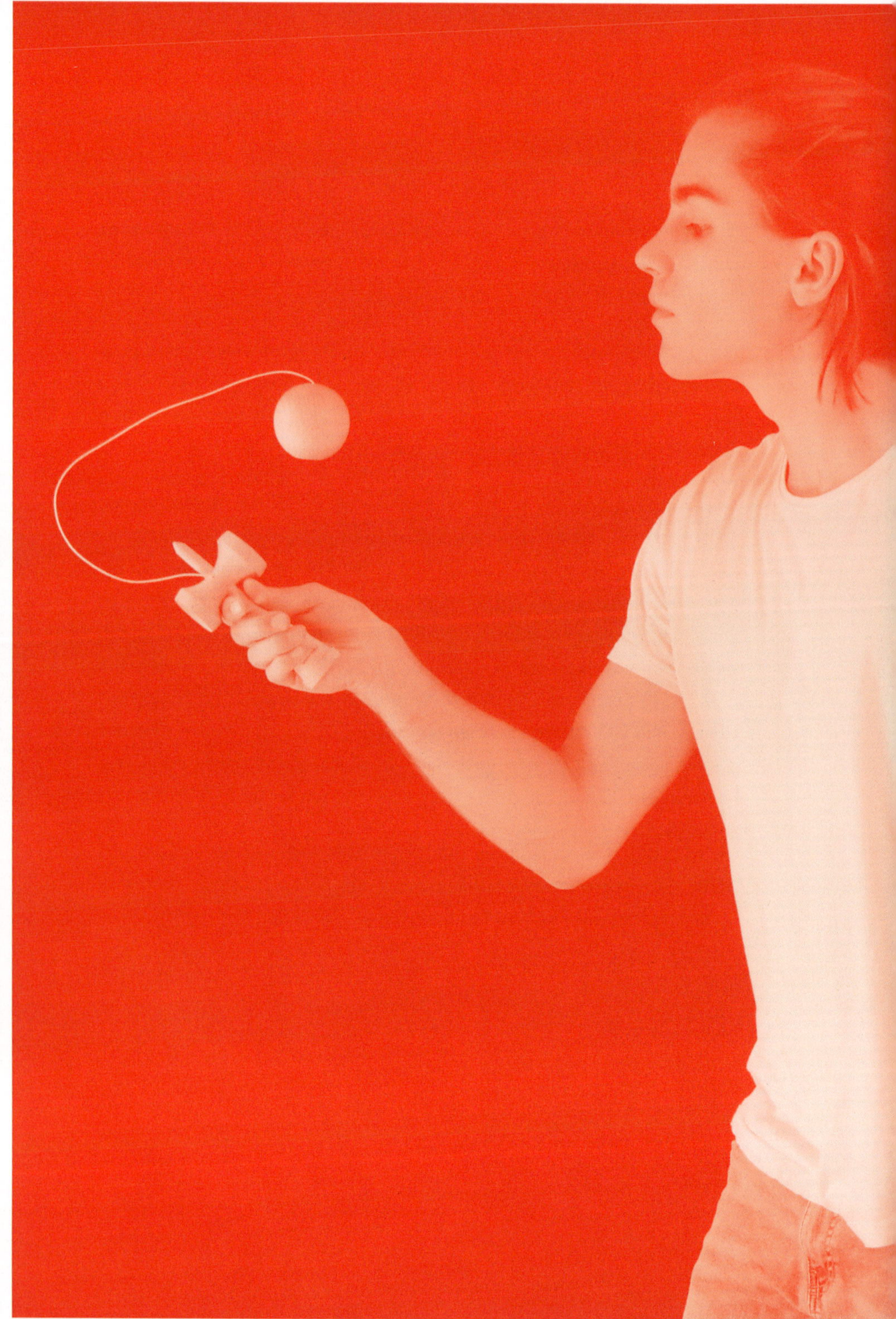

DIE GESCHICHTE DES KENDAMAS

Was ist eigentlich ein Kendama, wo kommt es her und was steckt sonst noch dahinter?

Das Kendama ist ein japanisches Geschicklichkeitsspiel, dessen Ursprung im 17. Jahrhundert liegt. Es besteht aus einer Kugel, einem Griff mit drei Bechern und einer Schnur. Auf den ersten Blick wirkt es wie ein simples Spielzeug, setzt man sich jedoch damit auseinander, merkt man schnell, dass weitaus mehr hinter diesem einfachen Stück Holz steckt, als es zunächst scheint.

Als Urvater des Kendamas gilt das ***Ajagak***. Es wurde vor über 2000 Jahren von den grönländischen Ureinwohner*innen erfunden und besteht aus einem hohlen Zylinder und einem spitzen Griff, die mit einer Schnur verbunden sind. Geschnitzt wurde das Ajagak aus Tierknochen. Der Legende nach glaubten die Ureinwohner*innen daran, dass es magische Kräfte besitzt, und nutzten es deshalb in Ritualen. Abgesehen von der rituellen Verwendung war das Ajagak auch ein lustiges Spiel zum Zeitvertreib und trainierte zugleich die Reflexe und die Koordination.

Der nächste Schritt zum Kendama war das ***Bilboquet***. Dieses Spiel wurde in Frankreich im 16. Jahrhundert erfunden und war eine Zeit lang sehr bekannt. Optisch erinnert es schon etwas an unser geliebtes Kendama. Es besteht aus einer gelochten Holzkugel, die an einen massiven Griff gebunden wird, der eine spitze Seite, aber auch einen Becher am unteren Ende hat. Aufzeichnungen zufolge hatte zur Zeit des französischen Königs Heinrich III. fast jede*r ein Bilboquet und vertrieb sich damit die Zeit beim Gehen oder Warten. Auch in Gesellschaft oder neben dem Reden spielten die Leute gerne damit. Es existierten sogar sehr extravagante Variationen des Spiels, etwa mit vergoldeten Kugeln oder in verschiedenen Größen.

Über die Seidenstraße, eine Handelsroute im 17. Jahrhundert, fand das Bilboquet seinen Weg nach Japan, wo die Geschichte des Kendamas beginnt. Anfangs war dessen Verwendung recht sinnbefreit. Die Japaner*innen spielten es wie die Französinnen und Franzosen gerne in Gesellschaft, jedoch als Trinkspiel. Damals hieß das Spiel noch ***Sukuitamakeri*** und unterschied sich kaum vom Bilboquet. Die Geishas des 17. Jahrhunderts sahen darin jedoch einen anderen Nutzen. Sie erfanden das ***Kendama Hibuki***, eine geheime Selbstverteidigungswaffe. Es hatte nun drei Becher und eine Spitze, die scharf war wie ein Messer. Die Geishas verzierten die Kugel bunt, steckten sie auf den Spitz und trugen das scheinbar harmlose Spiel immer bei sich, um sich damit in der Not zu verteidigen.

Danach geriet das Spiel lange Zeit in Vergessenheit, bis Hamaji Egusa, der heute als Vater des modernen Kendamas gilt, es 1919 wieder aufgriff. Er gab den verschiedenen Teilen und unterschiedlich großen Bechern ihre Namen und setzte sich erstmals für dessen Verbreitung ein. Von da an wurden auf Dorfplätzen regelmäßig Wettbewerbe für Kinder veranstaltet, bei denen die Teilnehmer*innen gegeneinander antraten. Seitdem ist das Kendama in Japan auch landesweit Bestandteil der Tagesordnung in Schulen und Kindergärten.

Heute gibt es zwei große Organisationen, die Japan Kendama Association und GLOKEN (Global Kendama Network). Beide arbeiten an dem Erhalt der damit verbundenen Kultur und dessen Verbreitung.

GLOKEN veranstaltet darüber hinaus die alljährliche Weltmeisterschaft, zu der Spieler*innen aus der ganzen Welt reisen, um gemeinsam Kendama zu spielen.

VORTEILE DES KENDAMAS

1. KOORDINATION

Wie du herausfinden wirst, ist es gar nicht so einfach, die Kugel in einem Becher zu fangen. Zum Glück – sonst wäre es ja langweilig. Dadurch wird deine Hand-Augen-Koordination hervorragend trainiert, was dir auch über das Kendamaspielen hinaus Vorteile verschafft.

2. REFLEXE

Schnelles und präzises Reagieren ist das A und O. Du musst die Kugel genau im richtigen Moment fangen oder gar aufspießen – das schärft natürlich deine Reflexe. Lässt du dir zu viel Zeit, verpasst du die Kugel oder das Loch. Hektik wird dir jedoch zum Verhängnis. Du musst also genau das richtige Maß an Schnelligkeit und Präzision finden.

3. KONZENTRATION

Kendamaspielen erfordert deine volle Aufmerksamkeit und du wirst merken: nebenbei am Handy spielen geht nicht! Bist du einmal im Flow, leert sich dein Kopf ganz von selbst. Wenn du genug vom Lernen oder der Arbeit hast, bietet sich das Kendama super als Möglichkeit an, um deinen Geist wieder fit und munter zu machen. Gut, dass du dein Kendama dank seiner Größe immer überallhin mitnehmen kannst.

4. KREATIVITÄT

Das unscheinbare Spielzeug bietet eine ungeheure Vielfalt an Tricks und Trickkombinationen. Insgesamt sind über tausend Standardtricks bekannt. Dabei sind die Kombinationsmöglichkeiten noch nicht einmal miteinberechnet! Du kannst deiner Kreativität also freien Lauf lassen und sogar eigene Tricks erfinden.

Abgesehen davon, dass Kendamaspielen nicht nur alleine, sondern auch mit Freunden sehr viel Spaß macht, ist es ein idealer Ausgleich, um deinen Kopf zwischendurch abzuschalten, bietet dir die Möglichkeit dich selbst kreativ zu entfalten und verbessert auch noch deine körperlichen Fähigkeiten.

ANATOMIE

Was, wo und wie?

Das Kendama ist nicht einfach ein Stück Holz mit drei unterschiedlich großen Bechern. Bei der ausgetüftelten Form zählt jeder Millimeter. Jeder Teil des Kendamas hat einen eigenen Namen und daher seine eigene Trickpalette. Heute werden die Einzelteile hauptsächlich bei ihren englischen Namen genannt.

GROSSER BECHER
Big Cup / Ozara

KLEINER BECHER
Small Cup / Kozara

UNTERER BECHER
Base Cup / Chuzara

GRIFF
Stick / Ken

SPITZE
Spike / Ken-saki

KREUZ
Cup Body / Sara-Do

KUGEL
Ball / Tama

LOCH
Hole / Ana

GRIFF RING
Slip Gip / Suberi Dome

BECHERKANTE
Cup Edge / Fuchi

SCHNUR
String / Ito

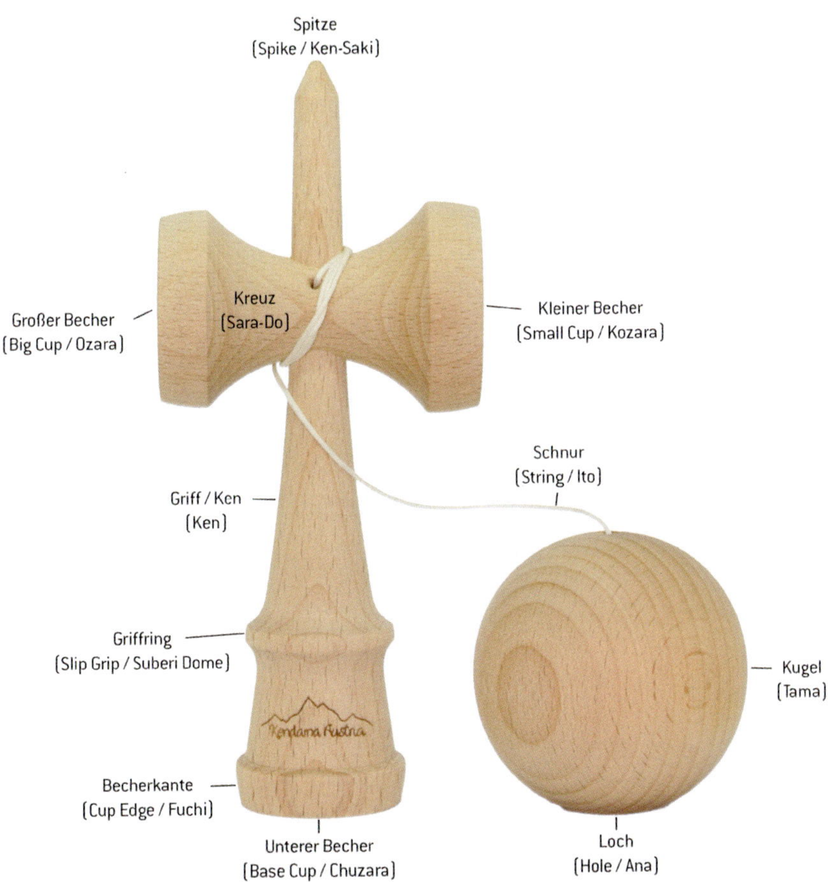
Spitze
(Spike / Ken-Saki)
Kreuz
(Sara-Do)
Großer Becher
(Big Cup / Ozara)
Kleiner Becher
(Small Cup / Kozara)
Schnur
(String / Ito)
Griff / Ken
(Ken)
Griffring
(Slip Grip / Suberi Dome)
Kugel
(Tama)
Becherkante
(Cup Edge / Fuchi)
Unterer Becher
(Base Cup / Chuzara)
Loch
(Hole / Ana)

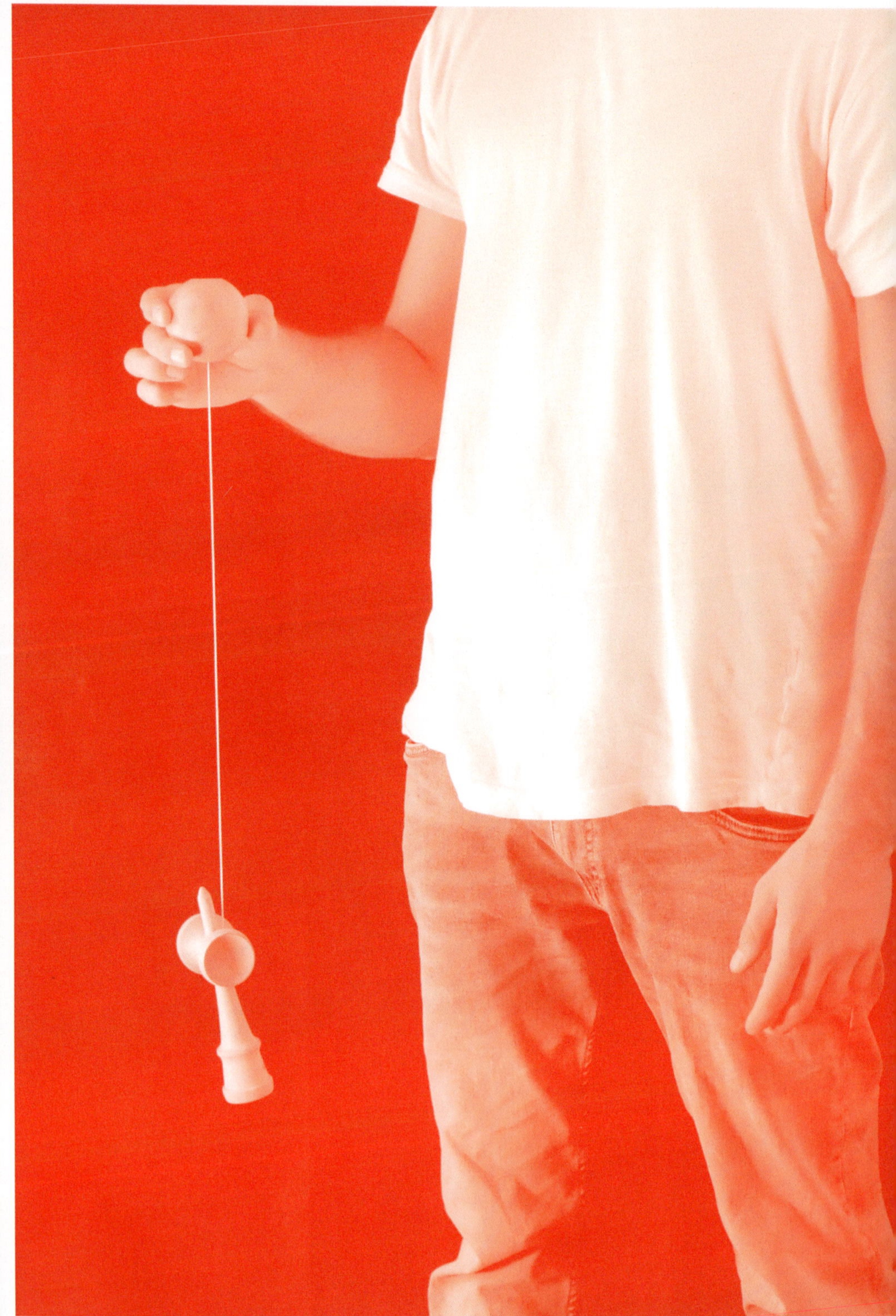

GRIFFE

Vielfältig wie das Kendama ist, gibt es mehr als einen Griff, um dein Kendama zu halten. Natürlich hat jeder Griff seine eigenen Tricks!

Beim Spielen bleiben die Griffe für gewöhnlich unverändert, wechselst du zum Beispiel den Becher, drehst du das Ken aus dem Handgelenk und nicht zwischen deinen Fingern. Mit gewissen Übergängen, wie Jonglieren oder Flips, kann man in weiterer Folge aber durchaus während des Spielens den Griff wechseln.

Auf den nächsten Seiten zeige ich dir, wie du wichtigsten Giffe lernst. Am besten ist es, wenn du die Griffe gut übst, damit du sie perfekt beherrschst.

1. KEN-GRIFF

Der Daumen liegt in einer Linie mit dem Big Cup, die Finger sind möglichst nahe am Sara-Do, die Spitze zeigt nach oben und die Schnur hängt frei herunter.

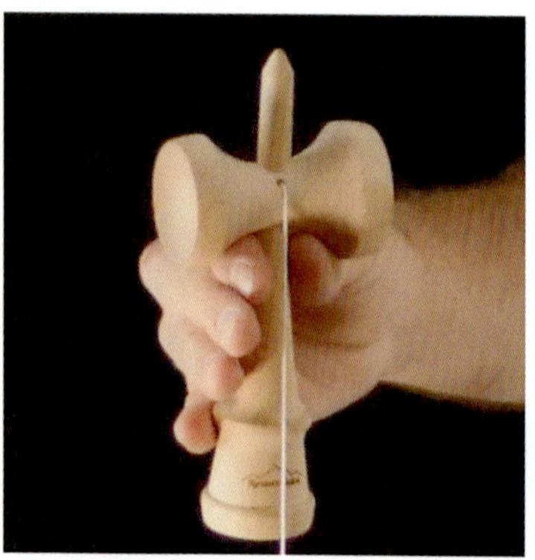

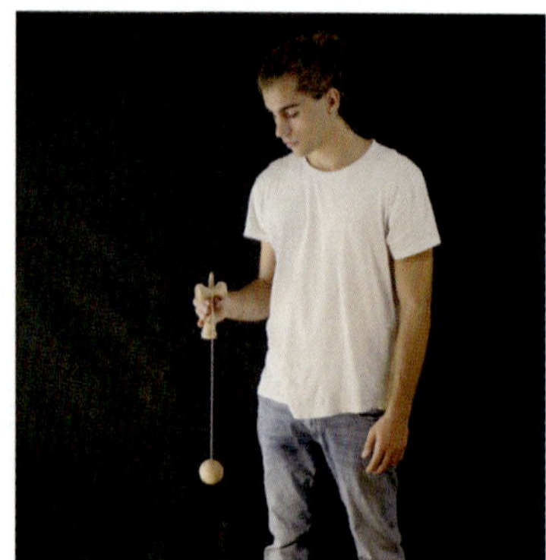

2. SARA-GRIFF

Der Big Cup zeigt nach oben, die Finger liegen nahe am Sara-Do und das Ken wird ähnlich wie ein Stift gehalten. Optional kannst du den Mittelfinger mitbenutzen, damit bekommt der Griff mehr Stabilität.

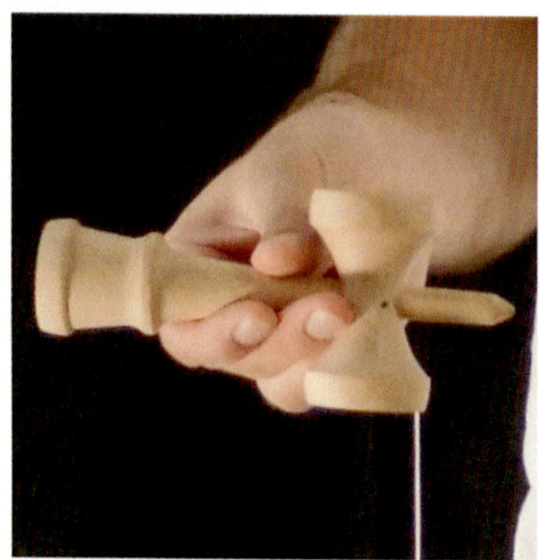

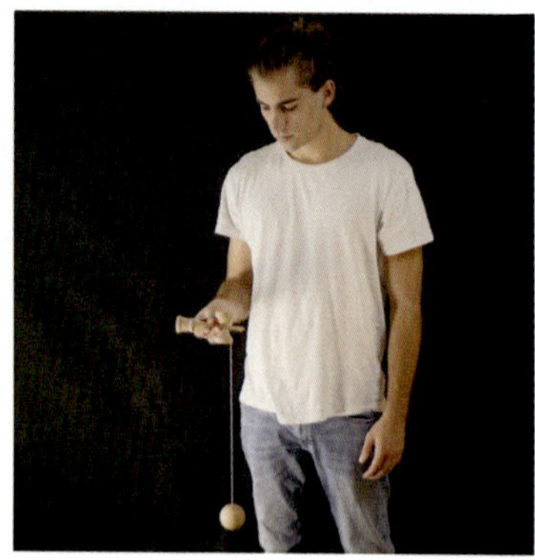

3. TAMA-GRIFF

Halte das Tama mit drei Fingern. Der Daumen ist auf der Seite deines Körpers, Zeige- und Mittelfinger liegen gegenüber. Das Loch zeigt nach oben und das Ken hängt ruhig herunter.

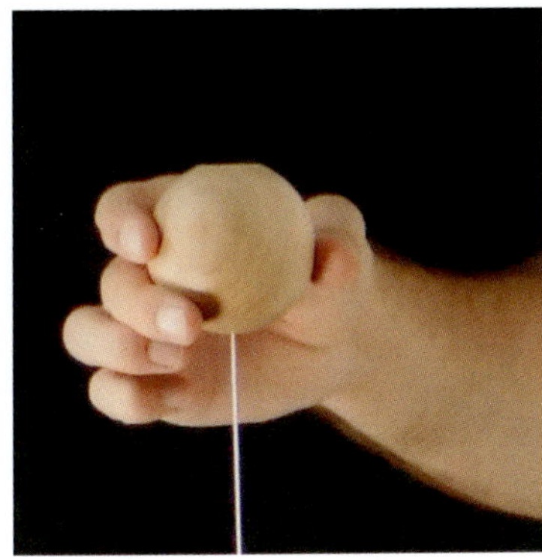
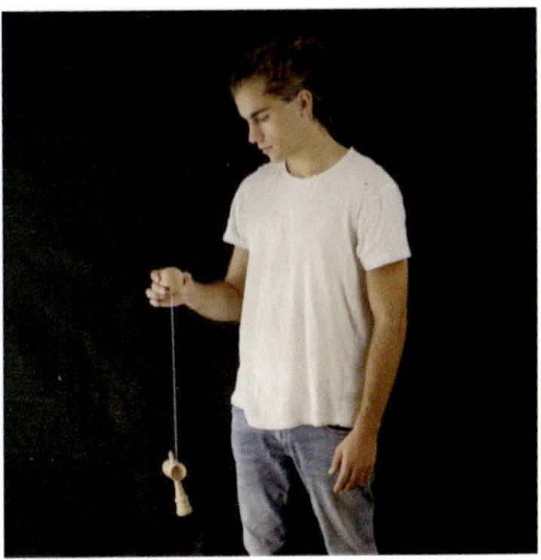

4. KERZEN-GRIFF

Die Spitze wird, wie beim Tama Griff, mit drei Fingern gehalten. Der Daumen ist auf der Körperseite, Zeige- und Mittelfinger gegenüberliegend.

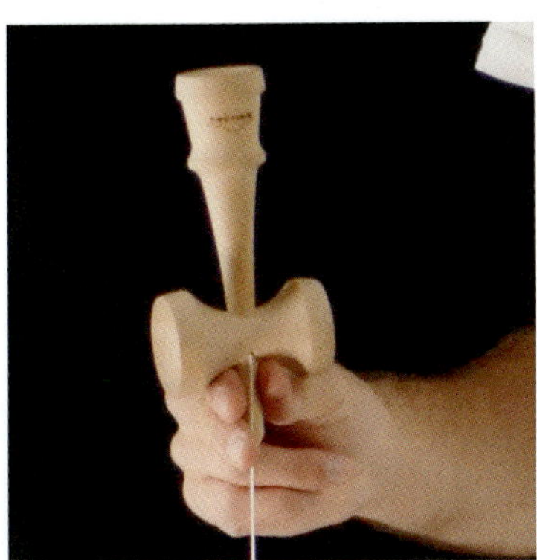
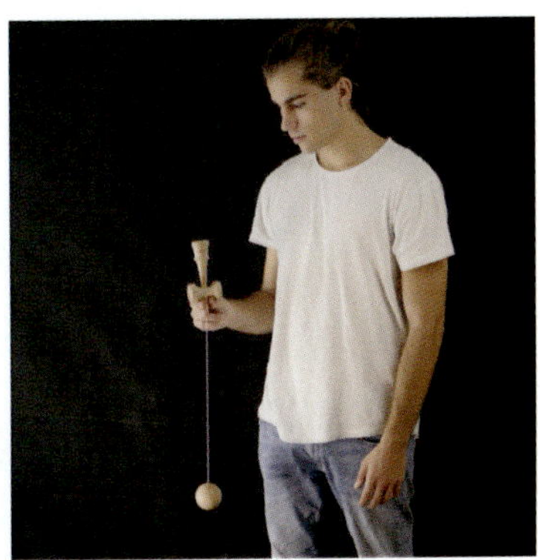

5. GEHEIMER GRIFF

Der Daumen ist auf der Körperseite und hält den Small Cup, gegenüberliegend hast du deinen Zeige- und Mittelfinger im Big Cup. Die Spitze versteckt sich unter der Handfläche, berührt sie aber nicht.

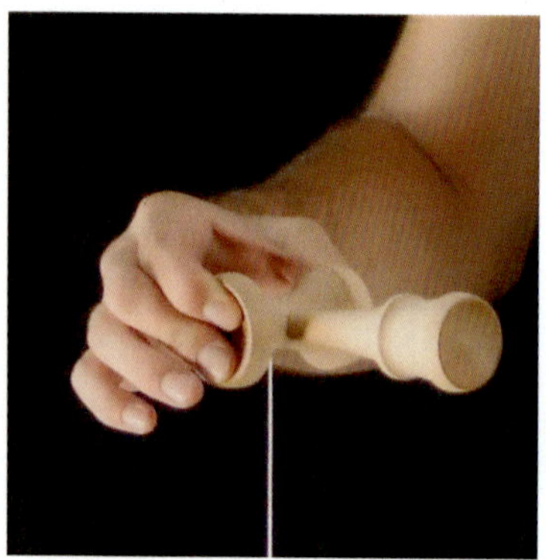

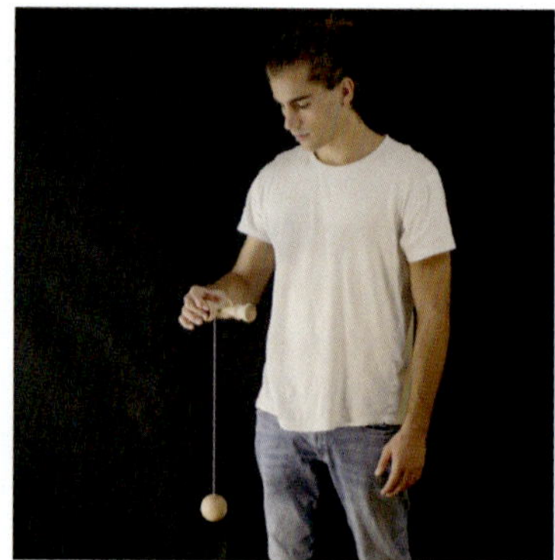

6. HÄNGENDER GRIFF

Die Schnur hältst du auf halber Länge zwischen Daumen und Zeigefinger. Das Sara-Do und das Tama hängen auf gleicher Höhe. Wenn du Linkshänder *in bist, hängt das Ken in dem Fall auf der Seite deiner dominierenden Hand.

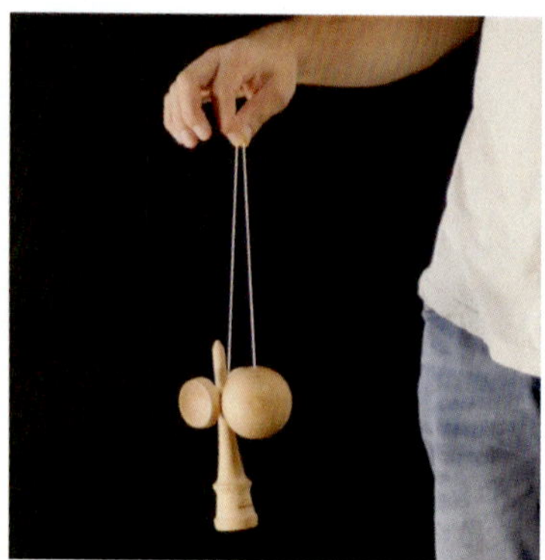

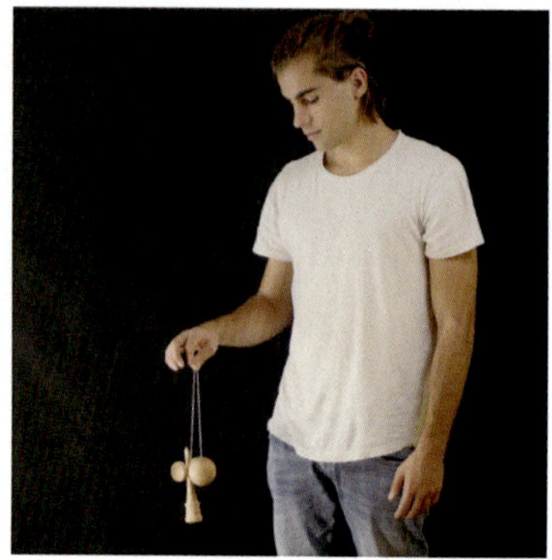

TIPPS

1. FINGER

Wie schon erwähnt, ist es wichtig, dass deine Finger immer möglichst nahe am Sara-Do liegen. Das verschafft dir einen stabilen Griff, mehr Kontrolle und mehr Bewegungsfreiheit. Hältst du dein Kendama etwa zu weit hinten, ist es sehr wacklig und es wird dir auch schwerer fallen, das Tama auf dem Base Cup zu fangen.

2. STAND

Achte auf deine Körperhaltung! Stell dich schulterbreit hin, leicht locker in den Knien, dein Rücken gerade und das Kendama etwa auf Brusthöhe. Eine richtige Haltung sorgt dafür, dass du fit und wach bist, das ist nicht nur beim Kendamaspielen wichtig.

3. KNIE

Das Wichtigste beim Kendamaspielen ist, dass du fleißig in die Knie gehst. Am besten folgst du einfach der Bewegung des Tamas. Das gibt dir Stabilität und Kontrolle beim Spielen und federt zugleich die Landung ab. Abgesehen davon gewinnst du dadurch mehr Zeit in der Luft. Du wirst merken, dass das In-die-Knie-Gehen einen großen Unterschied macht.

4. GERADE HOCHZIEHEN

Zieh das Ken/Tama immer möglichst gerade nach oben, das sorgt für einen kontrollierten Flug und erleichtert dir das Fangen. Die Bewegung kommt dabei fast nur aus dem Handgelenk und deinem Unterarm. Vielleicht ist es für dich hilfreich, wenn du dir vorstellst, dass die hängende Schnur imaginär durch das Sara-Do weiter nach oben geht. Versuche, sie beim Hochziehen zu verfolgen.

5. RUHE

Immer mit der Ruhe. Atme vor einem neuen Versuch lieber durch und bündle deine Konzentration. Das Kendama spielt sich ungern mit Hektik, stoppe also immer wieder die Kugel, damit sie still hängt und gib dann dein Bestes. Schwingst du das Tama oder auch das Ken wild durch die Gegend, machst du es dir sehr schwer, einen Trick kontrolliert zu landen.

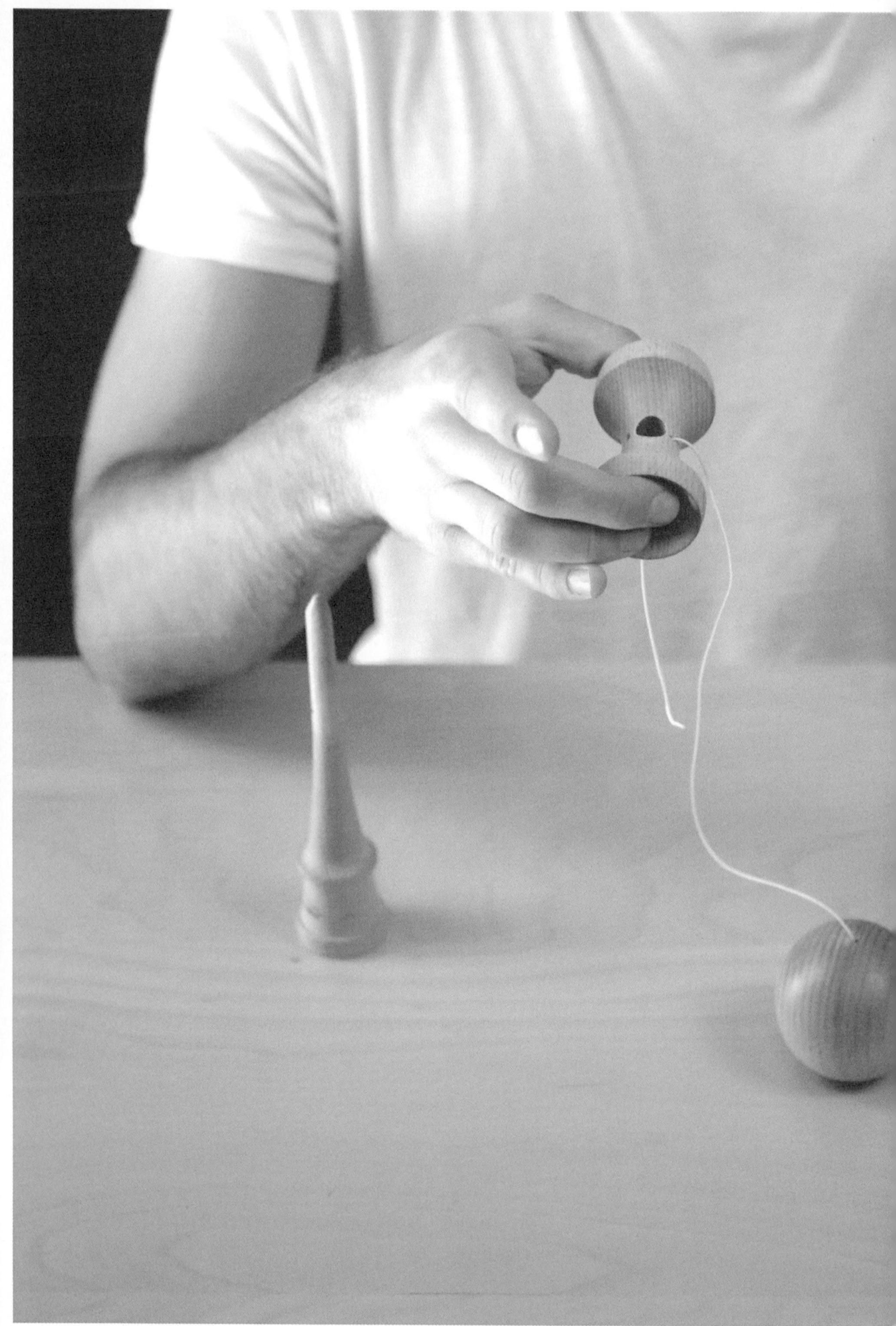

SCHNÜREN

Wie man das Kendama richtig schnürt

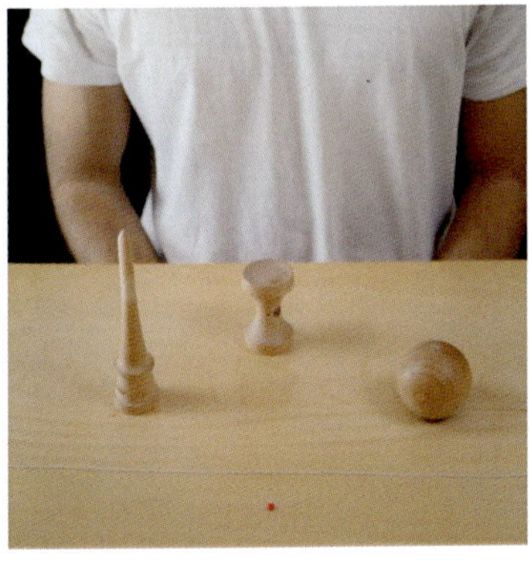

SCHRITT 1

Nimm das Sara-Do vom Ken und leg die Einzelteile vor dir auf den Tisch. Konkret sind das: Ken, Sara-Do, Tama, Schnur und Perle.

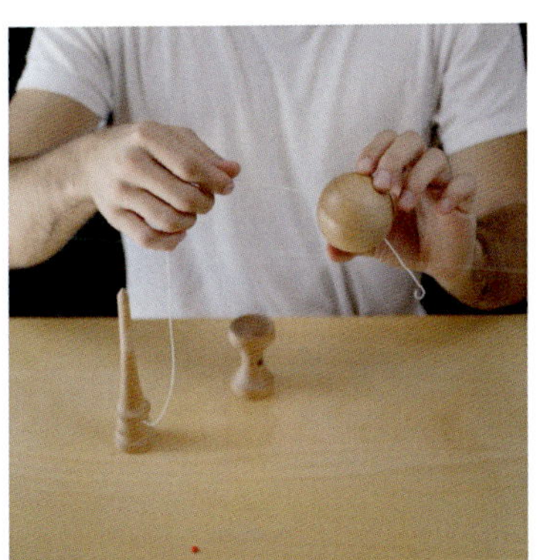

SCHRITT 2

Führe das Ende der Schnur durch das kleinere Loch des Tamas. Wenn du die Schnurenden vorher vorsichtig mit einem Feuerzeug ansengst, ist das Einfädeln etwas leichter.

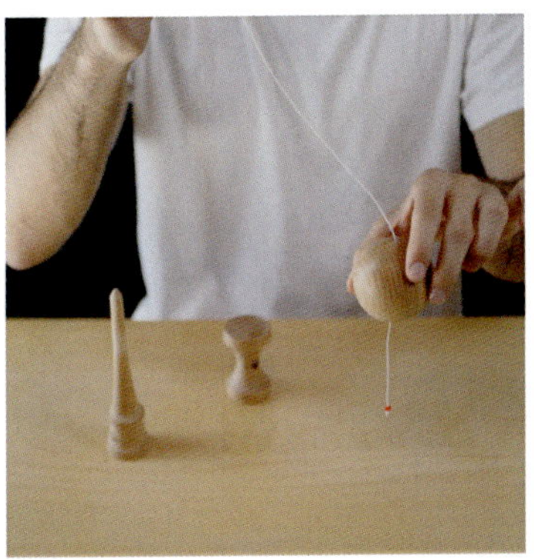

SCHRITT 3

Nimm die Perle und fädle sie auf. Mache nun am Ende einen doppelten Knoten, damit beim Spielen nicht plötzlich das Tama durch den Raum fliegt.

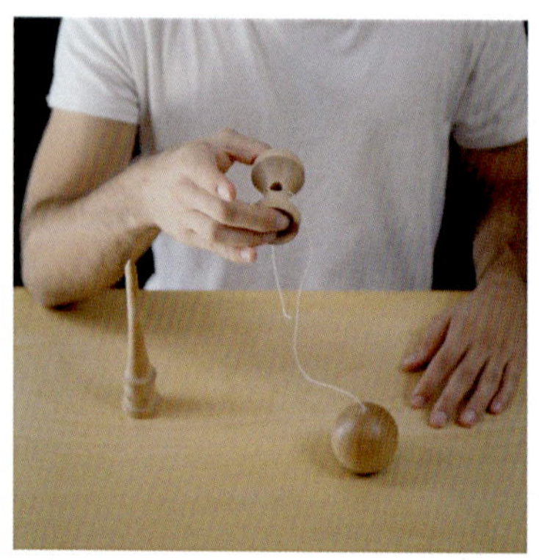

SCHRITT 4

Greif dir das Sara-Do, achte darauf, dass der Big Cup zu dir zeigt und du es auch nicht verkehrt hältst. Ob das Sara-Do richtig herum ist, erkennst du daran, dass die seitlichen Löcher in der oberen Hälfte des Ken sind. Meistens sind diese der Flugeigenschaften wegen nicht genau in der Mitte, sondern etwas nach oben versetzt angebracht.

Jetzt kannst du entscheiden, für welche Hand du dein Kendama schnürst. Bist du Rechtshänder*in, *kommt die Schnur durch das Loch links von dir.* Bist du Linkshänder*in, *kommt es in das rechte Loch.*

Hast du die Schnur durch das Loch des Sara-Do gefädelt, musst du das Ende auf der unteren Seite herausholen.

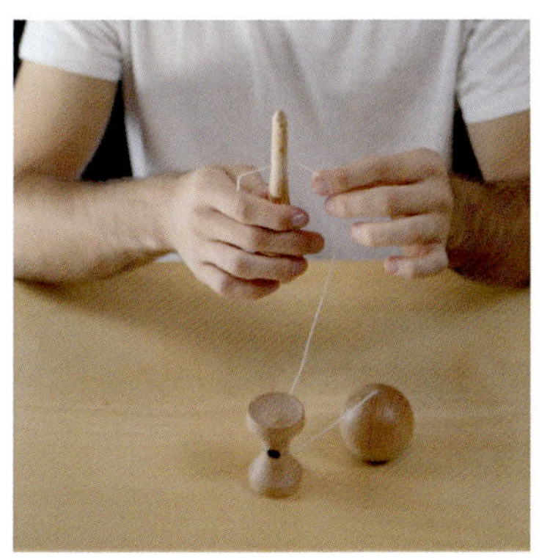

SCHRITT 5

Führe das Ende der Schnur durch das Loch im Ken. Am besten machst du hier wieder einen Doppelknoten.

Dieser versteckt sich in der kleinen Einbuchtung auf einer Seite des Kens, wie du auf dem zweiten Bild in diesem Schritt erkennen kannst.

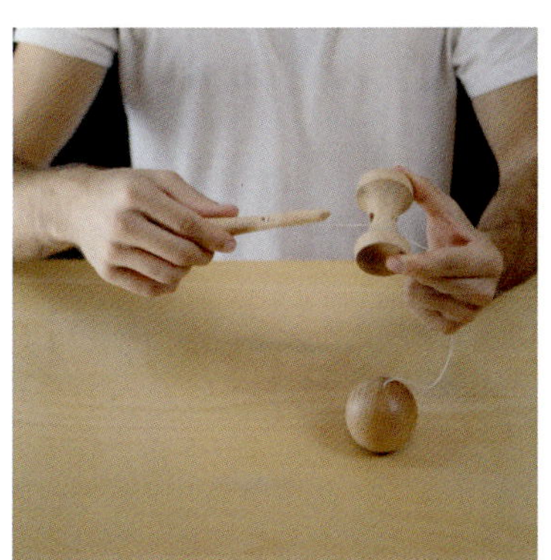

Stecke jetzt die Einzelteile zusammen und achte darauf, dass die Schnur gespannt ist.
Du kannst ruhig etwas Kraft anwenden, damit die zwei Teile richtig fest aufeinandersitzen.

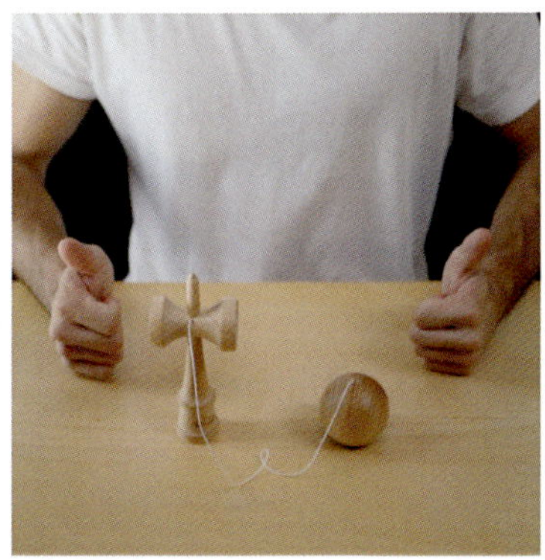

SCHRITT 6

Fertig! Schnapp dir das Kendama und beginne mit den Tricks, die du auf den nächsten Seiten lernen kannst!

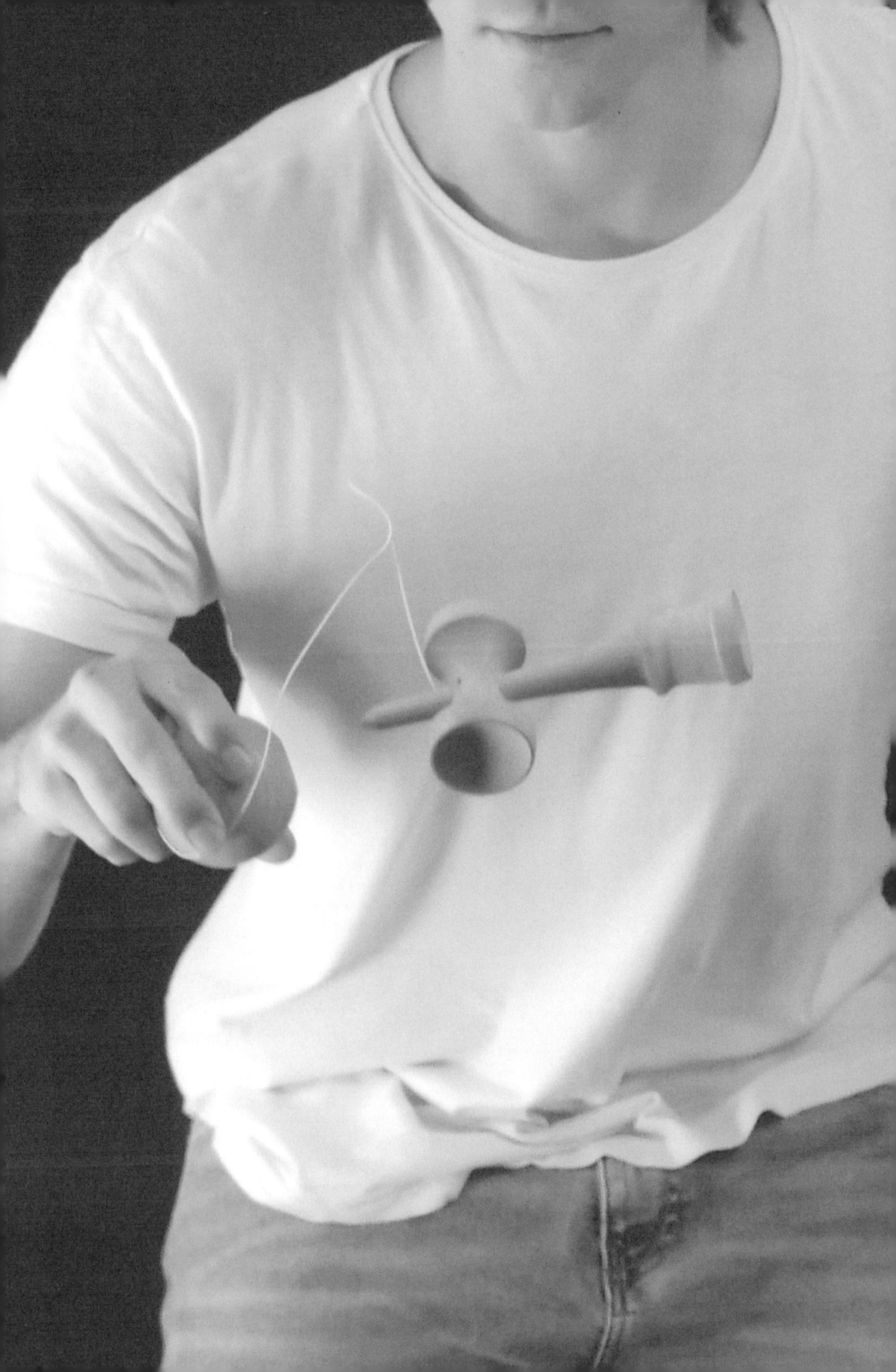

TRICKS

1. BIG CUP / OZARA

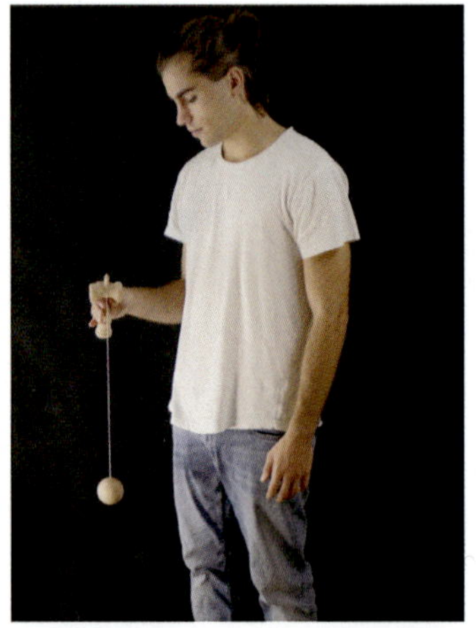

Ausgangsposition ist der Ken-Griff, das Tama hängt still herunter.

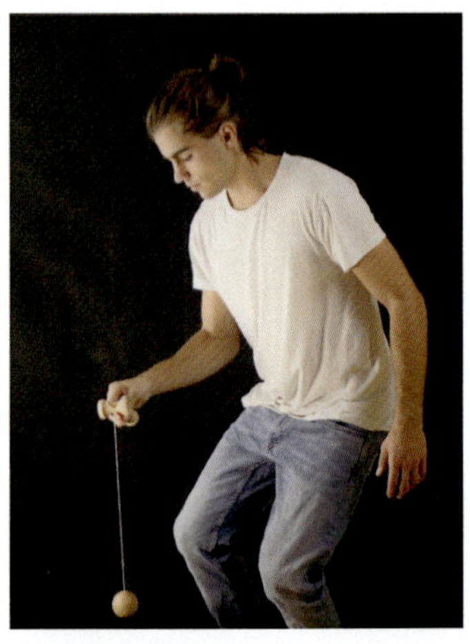

Geh in die Knie und bring das Tama vor dir herunter.

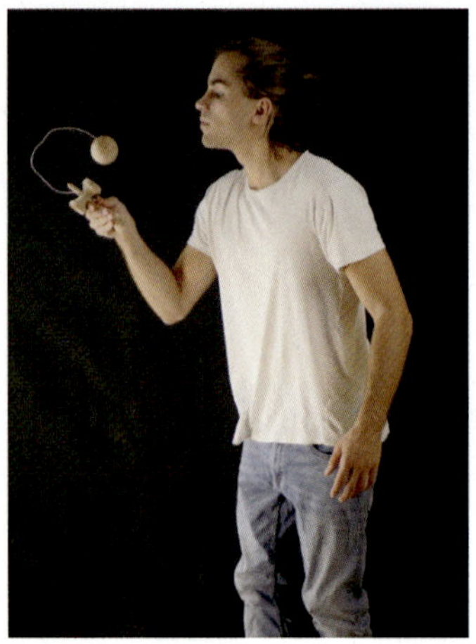

Streck deine Beine aus und zieh zugleich mit dem Unterarm ruckartig nach oben.

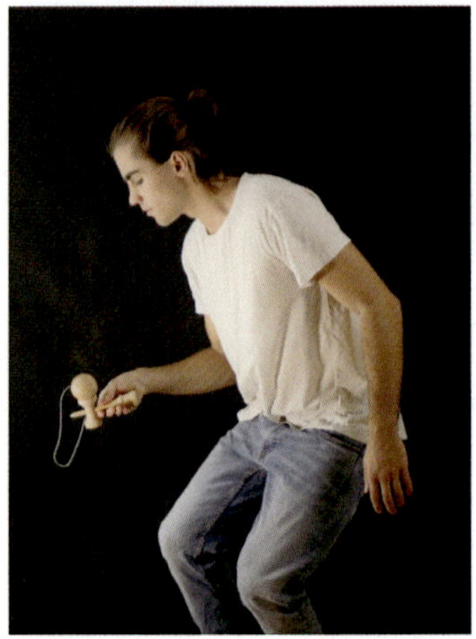

Fang das Tama im Big Cup und geh wieder in die Knie, um die Landung zu dämpfen. Das Sara-Do muss möglichst vertikal ausgerichtet sein, damit das Tama liegen bleibt.

2. SMALL CUP / KOZARA

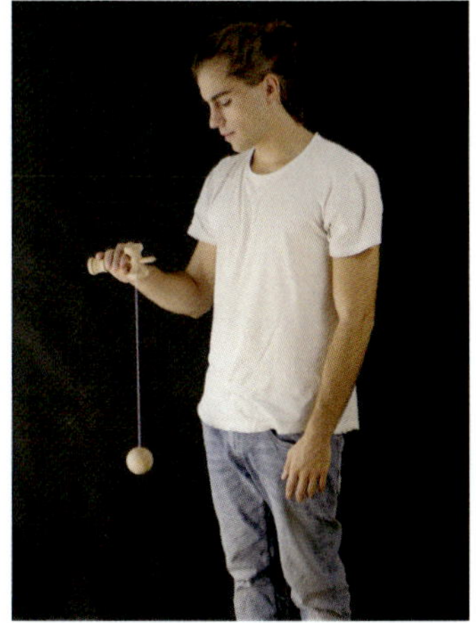

Ausgangsposition ist der Ken-Griff, das Tama hängt still herunter.

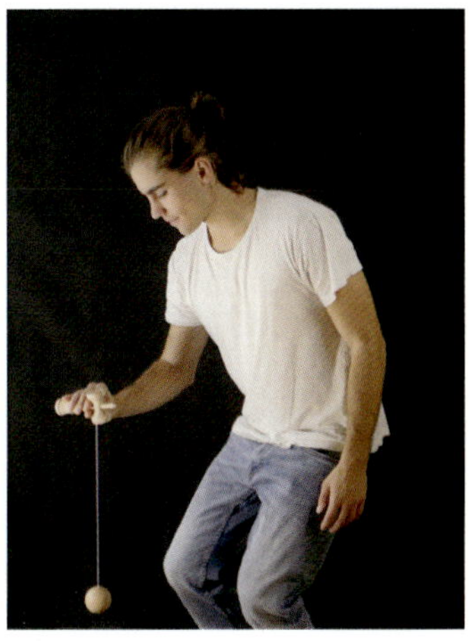

Geh in die Knie und bring das Tama vor dir herunter.

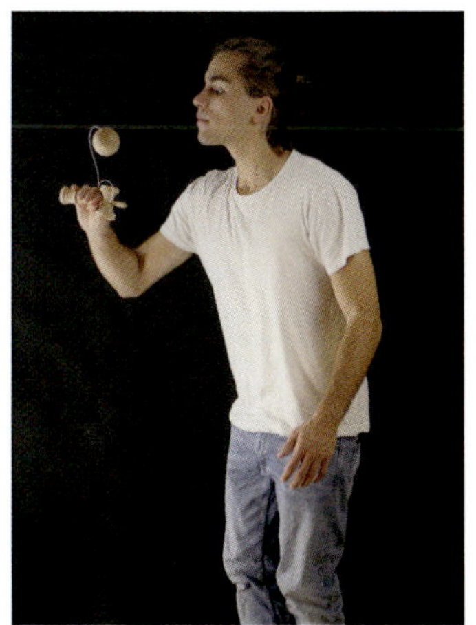

Streck deine Beine wieder aus, während du das Tama aus dem Unterarm auf Brusthöhe hochziehst. Dreh nun deinen Handrücken nach oben und versuch, den Cup so nah wie möglich unter das Tama zu bekommen.

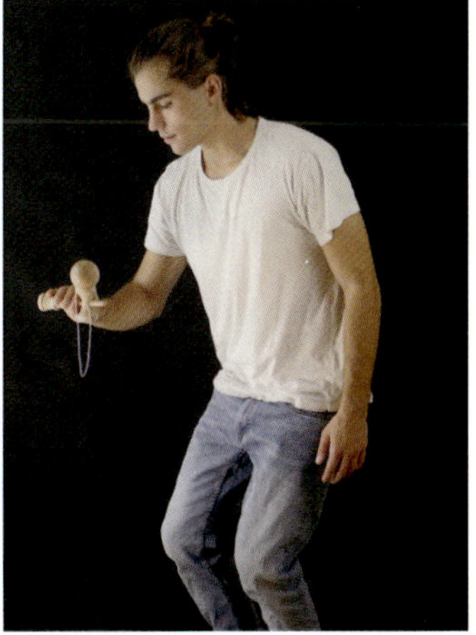

Geh mit der Bewegung des Tamas in die Knie und fang es auf dem Small Cup. Du solltest mit dem Cup möglichst knapp am Tama dran sein, dann landet es sanfter.

3. BASE CUP / CHUZARA

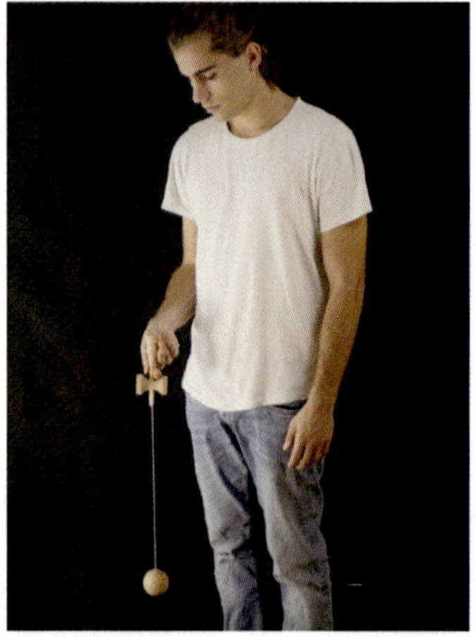

Ausgangsposition ist wieder der Ken-Griff.

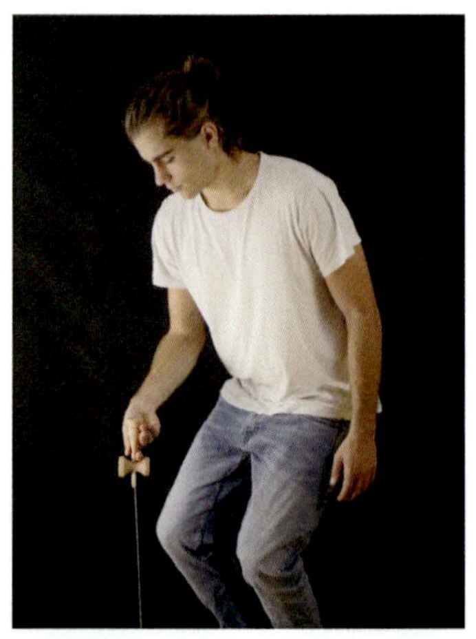

Geh in die Knie und lass das Tama vor dir herunterhängen.

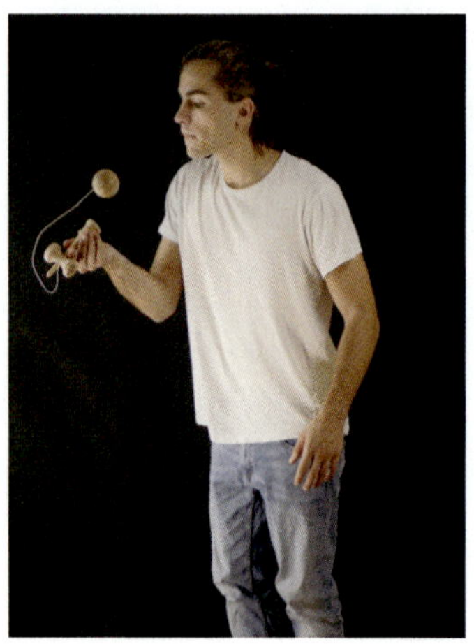

Streck die Beine, ziehe hoch und dreh deine Hand, sodass deine Handfläche von dir weg zeigt.

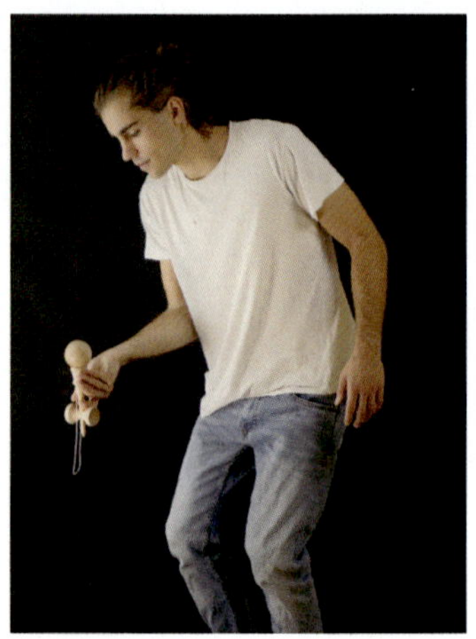

Achte darauf, dass der Cup gerade ist und fange das Tama im Base Cup. Hältst du das Ken schräg, ist auch der Becher geneigt und das Tama rollt wahrscheinlich wieder herunter. Wichtig sind die gebeugten Knie.

4. CANDLESTICK / ROUSOKU

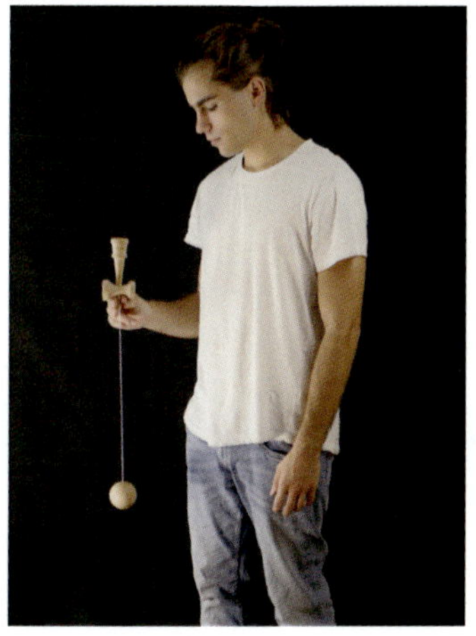

Ausgangsposition ist der Kerzen-Griff. Falls sich das Tama bewegt, stopp es.

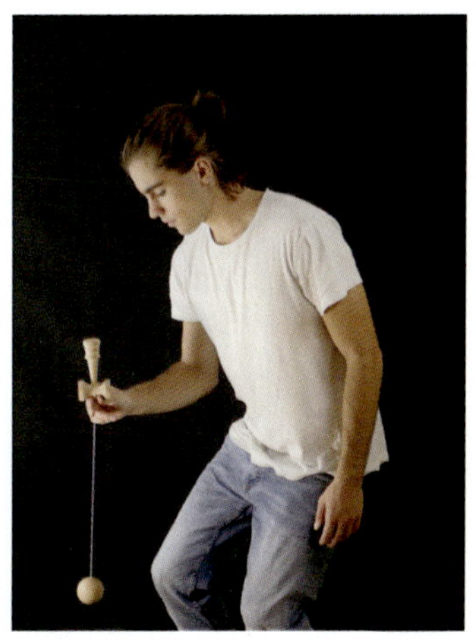

Geh in die Knie und lass das Tama gerade vor dir herunterhängen..

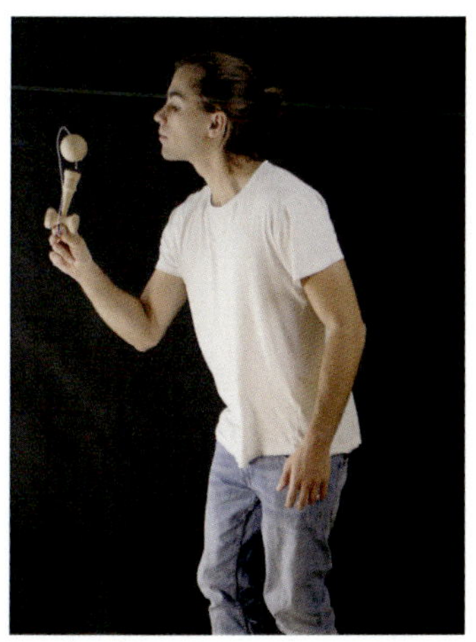

Streck deine Knie aus und gib der Kugel einen sanften Ruck nach oben.

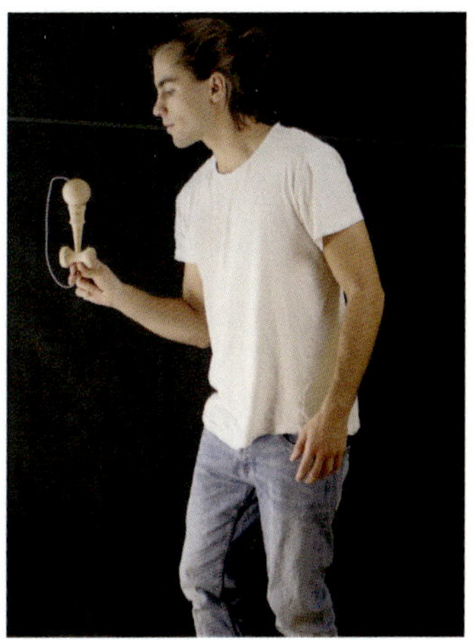

Fang das Tama im Base Cup und folg seiner Bewegung mit deinen Knien. Achte darauf, dass du den Spitz nicht zu locker hältst.

5. SWING TO CANDLE

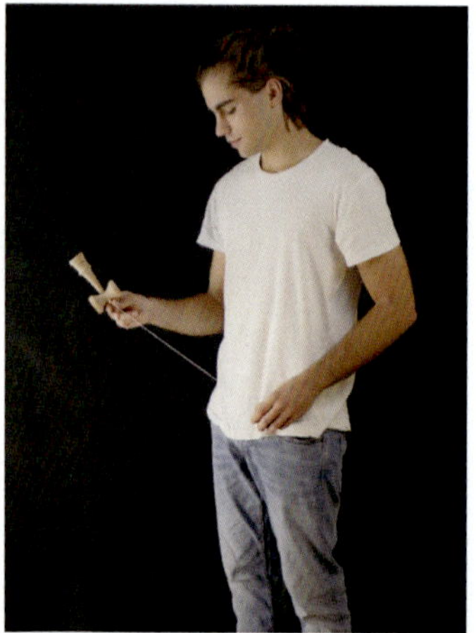

Halt das Ken im Kerzen-Griff und das Tama auf Hüfthöhe.

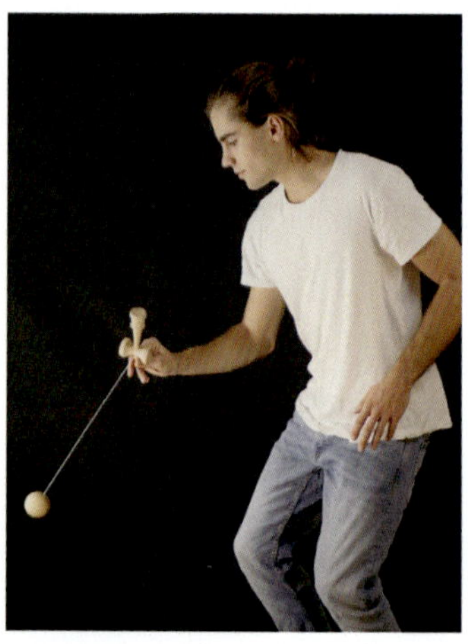

Lass das Tama nach vorne schwingen und geh in die Knie. Du musst ihm keinen Stoß geben, es fallen zu lassen reicht aus.

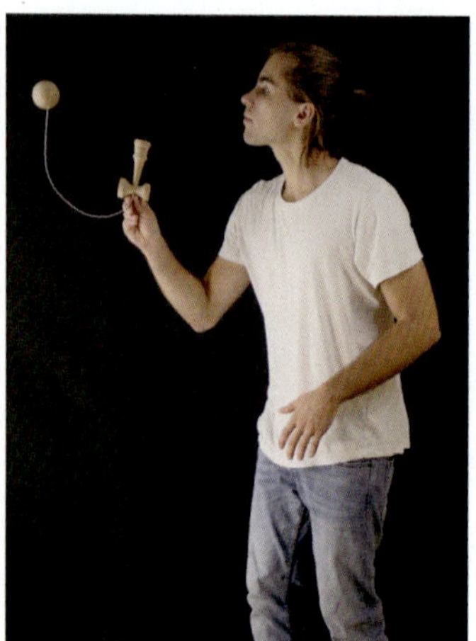

Bevor das Tama zurückschwingt, streck deine Knie wieder aus und zieh das Tama in einem frontalen Bogen nach oben.

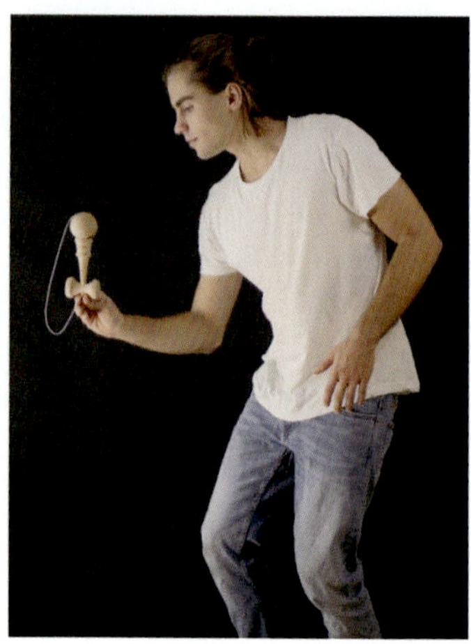

Geh mit der Landung des Tamas in die Knie und fang es sanft am Base Cup, wie soeben auch beim Candlestick.

6. DROP & POP

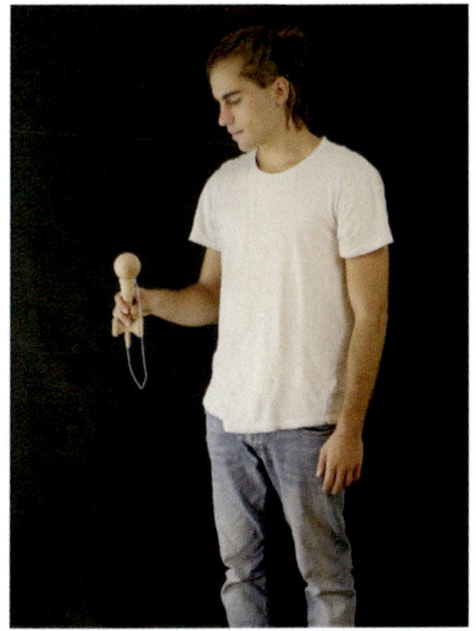

Die Ausgangsposition ist der Sara-Griff, das Tama liegt auf dem Base Cup.

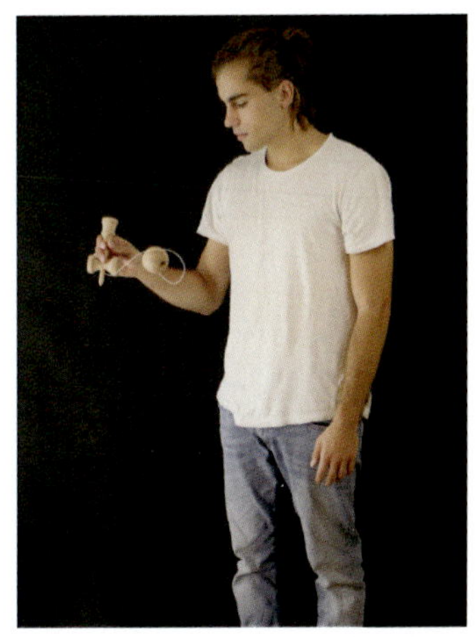

Lass das Tama vom Becher kippen.

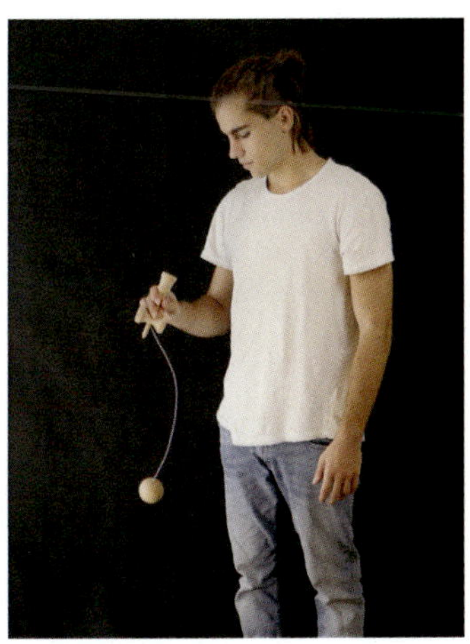

Wenn die Schnur spannt, zieh mit einem Ruck nach oben und das Tama kommt wieder zu dir hoch.

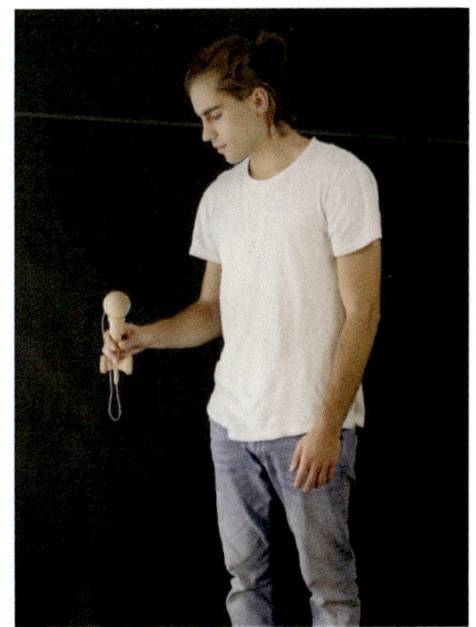

Nun fang das Tama wieder auf dem Base Cup.

Tipp: *Mit den Knien kannst du verhindern, dass die Kugel zu stark hochkommt.*

7. SWITCH & POP

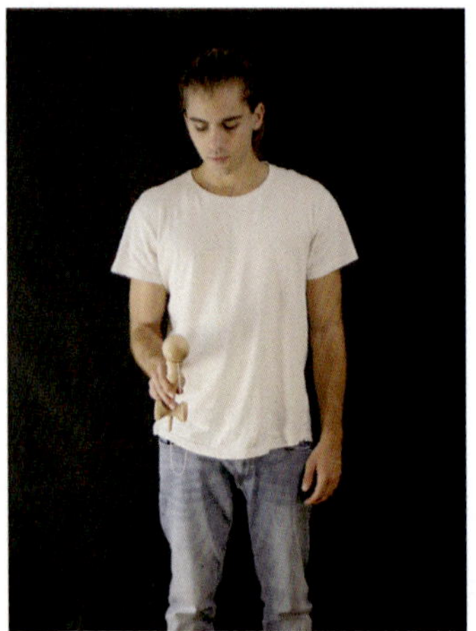

Dieser Schritt ist gleich wie bei dem Trick Drop & Pop.

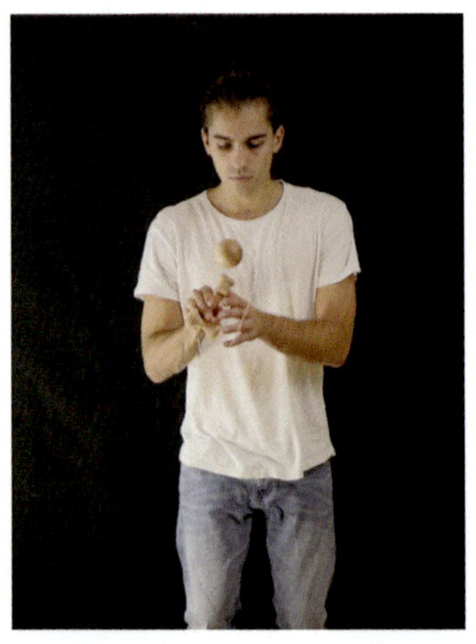

Lass das Tama fallen oder wirf es leicht in die Höhe und übergib zugleich das Ken in deine schwächere Hand.

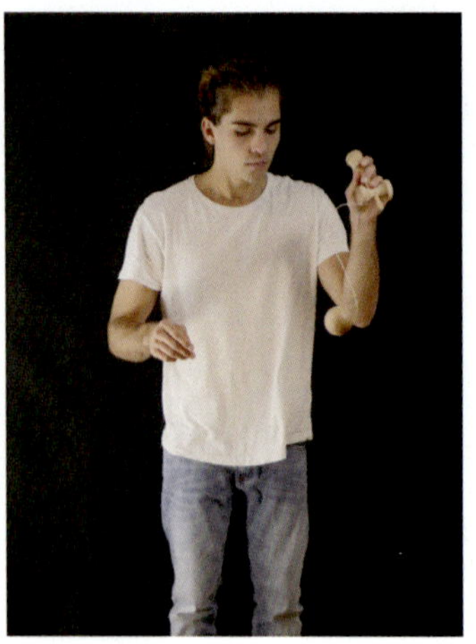

Wenn die Schnur spannt, zieh das Tama wieder gemeinsam mit deinen Knien nach oben.

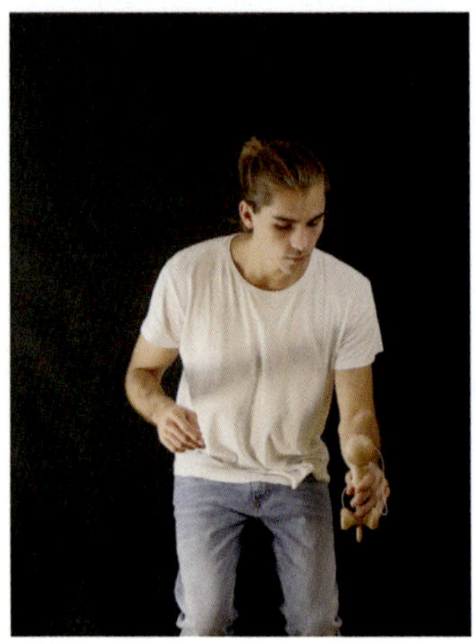

Platzier den Base Cup unterhalb des Tamas und fang es sanft ab.

Versuch doch mal, ob dir der Trick auch gelingt, wenn du mit der anderen Hand anfängst!

8. ORBIT

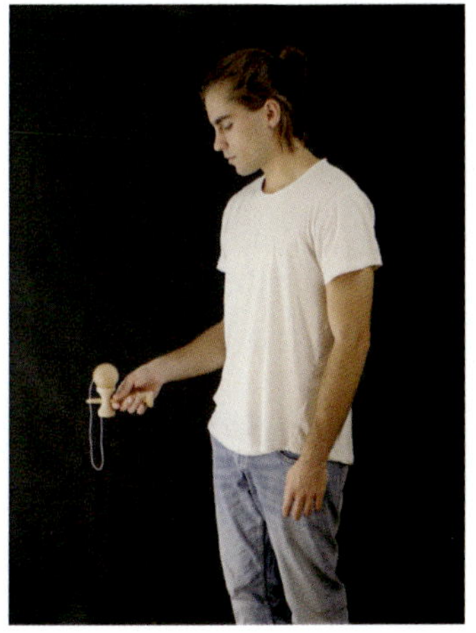

Die Ausgangsposition ist der Ken-Griff, das Tama liegt auf dem Big Cup.

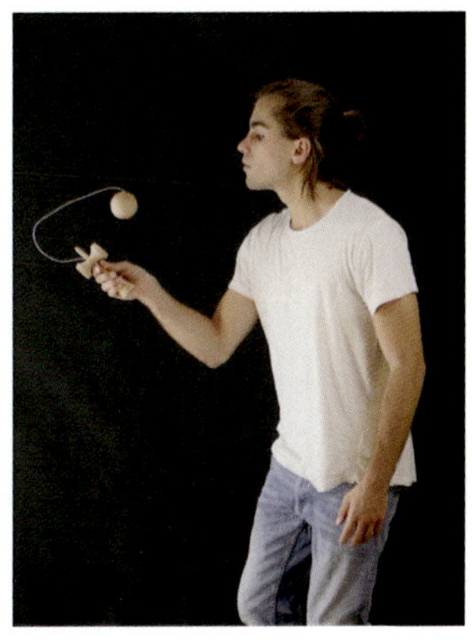

Benutz deine Knie und wirf die Kugel mit Gefühl gerade nach oben.

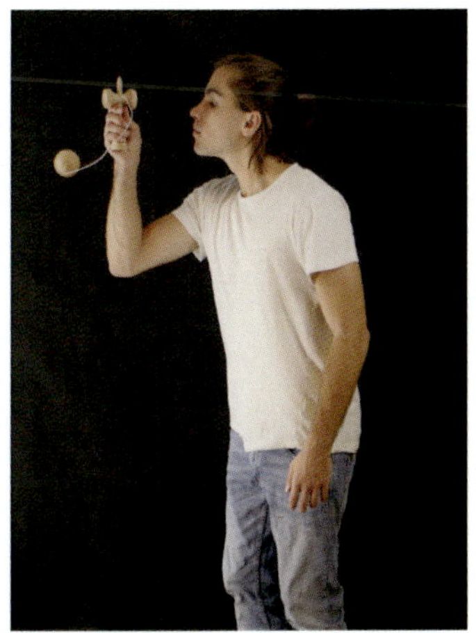

Kreis mit dem Ken einmal um das Tama herum. Achte darauf, wo die Schnur liegt, um dich nicht zu verheddern.

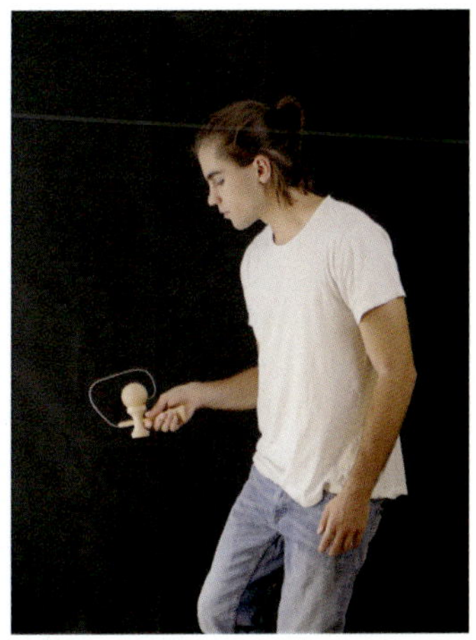

Nachdem du eine volle Runde gemacht hast, fang es wieder auf dem Big Cup. Gerade hier ist es besonders hilfreich, die Knie zu benutzen, dadurch gewinnst du mehr Zeit in der Luft.

9. MOSHIKAME

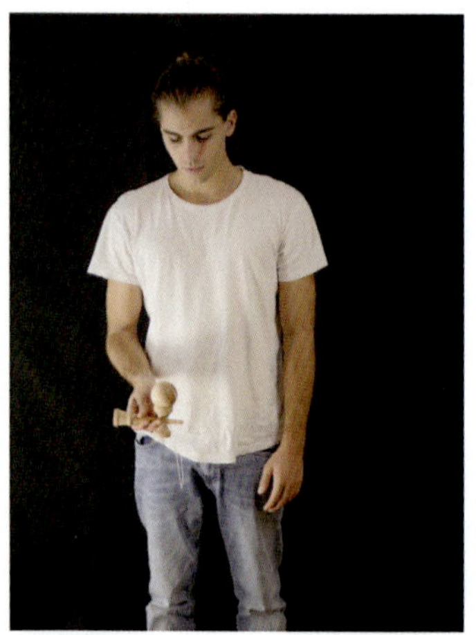

Die Ausgangsposition ist hier der Sara-Griff, das Tama liegt im Big Cup.

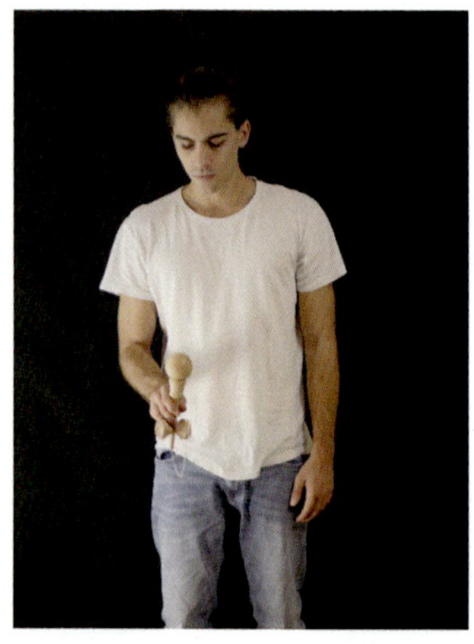

Jetzt wirf das Tama sanft in die Höhe, stell das Ken auf und fang es im Base Cup.

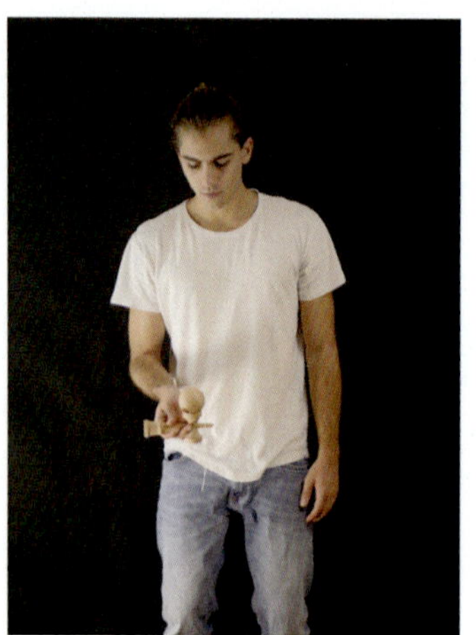

Wirf das Tama erneut in die Höhe und fang es wieder im Big Cup.

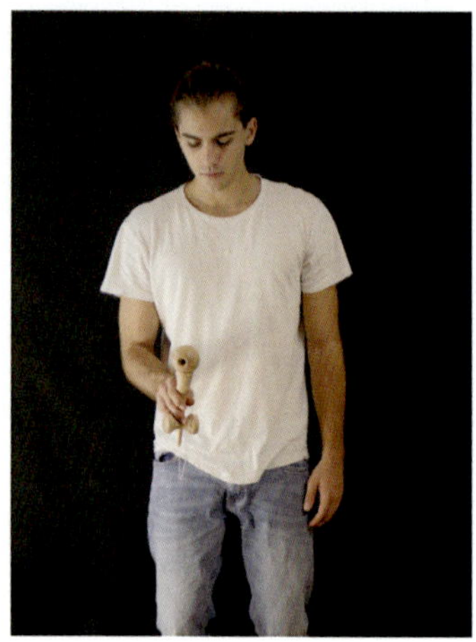

Wiederhole Schritt 2 & 3.

Challenge: Wie oft schaffst du Moshikame, ohne dass dir das Tama vom Becher fällt? 1 Mal? 10 Mal? 50 Mal? 100 Mal? 1000 Mal?

10. KNIE BOUNCE

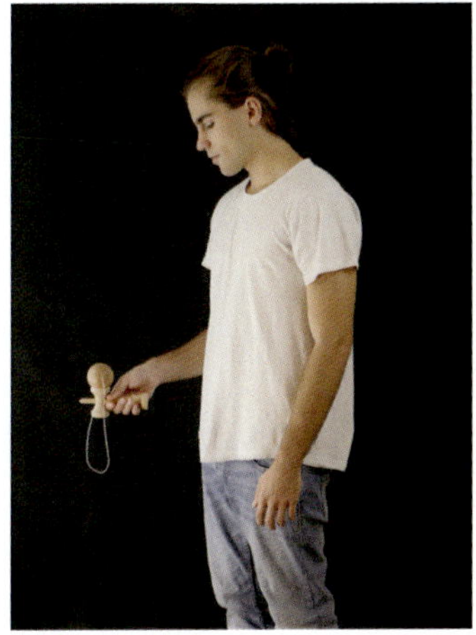

Halt das Ken im Ken-Griff, mit dem Tama im Big Cup.

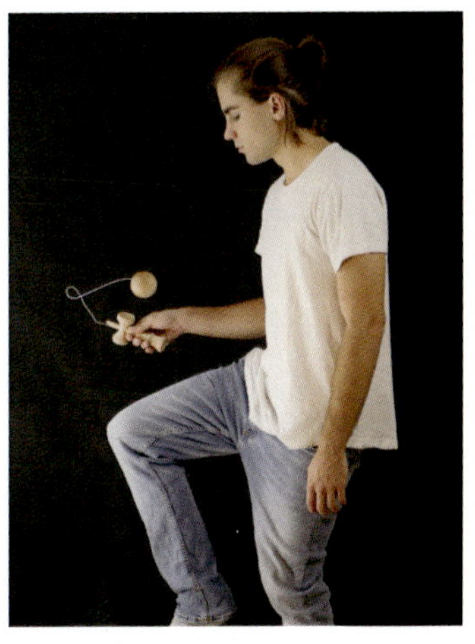

Wirf das Tama nach oben und heb zugleich dein Bein, sodass es darauf landen kann.

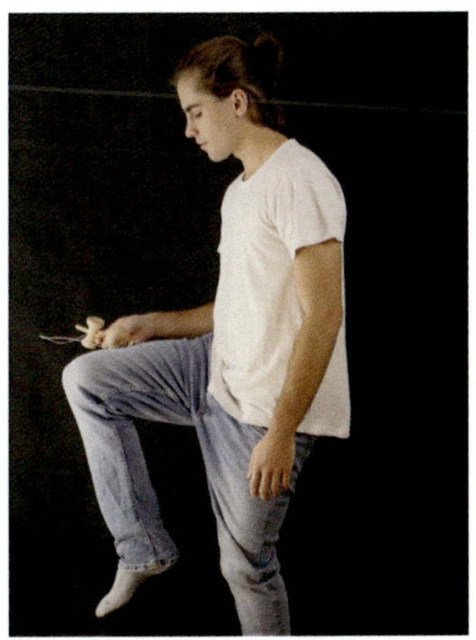

Lass das Tama von deinem Bein abspringen, indem du ihm einen Stoß gibst.

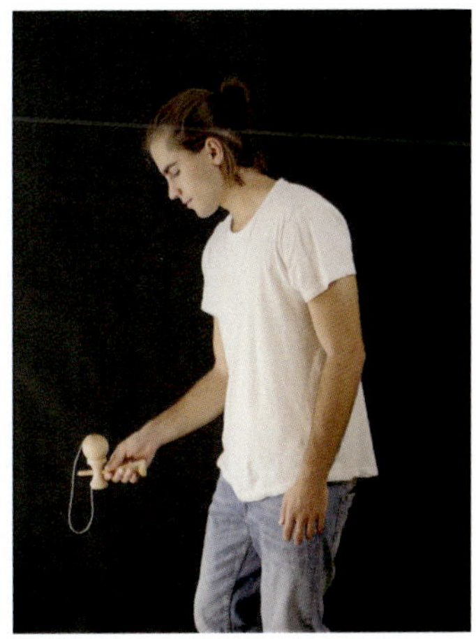

Geh in die Knie und fang das Tama wieder am Big Cup.

Wo kannst du die Kugel noch abspringen lassen?
Am Arm? Der Brust? Dem anderen Knie?
Oder versuche, das Ken in deiner schwachen Hand zu halten!

11. TRAPEZE ACROBATS

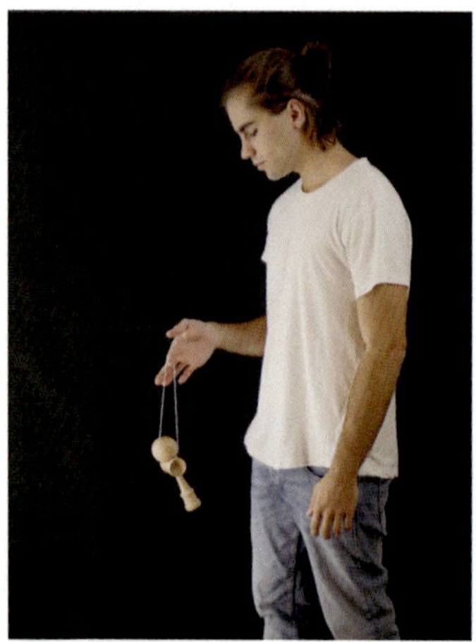

Steck die Kugel auf den Spike und häng das Kendama an deinem Zeigefinger auf.

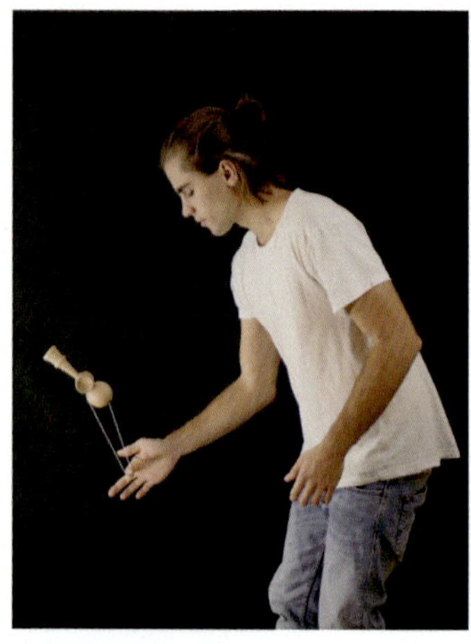

Durch eine rotierende Handbewegung bringst du das Kendama zum Schwingen. Wenn du das Gefühl dafür hast, lass es für eine volle Rotation um deinen Finger kreisen.

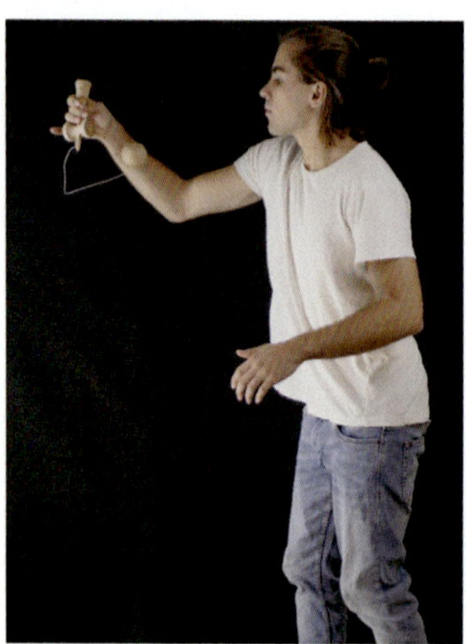

Wenn das Kendama eine volle Drehung hinter sich hat, lass es am höchsten Punkt von deinem Finger gleiten und fang das Ken im Sara-Griff.

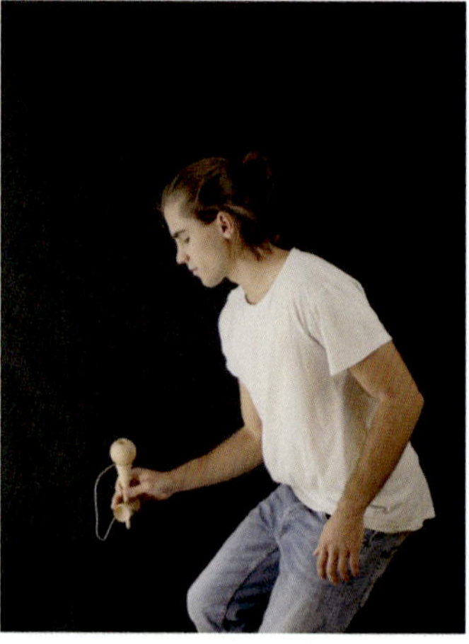

Nun musst du schnell sein, um das Tama rechtzeitig im Base Cup zu fangen. Denke auch hier an deine Knie! Dann hast du etwas mehr Zeit, um das Tama zu fangen.

12. TAP

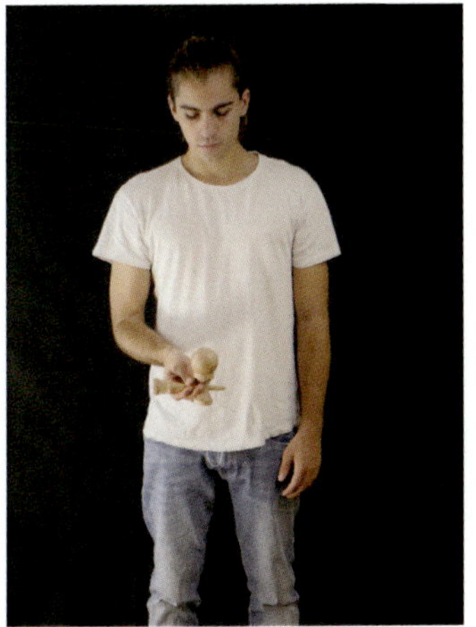

Die Ausgangsposition ist der Sara-Griff, das Tama liegt auf dem Big Cup.

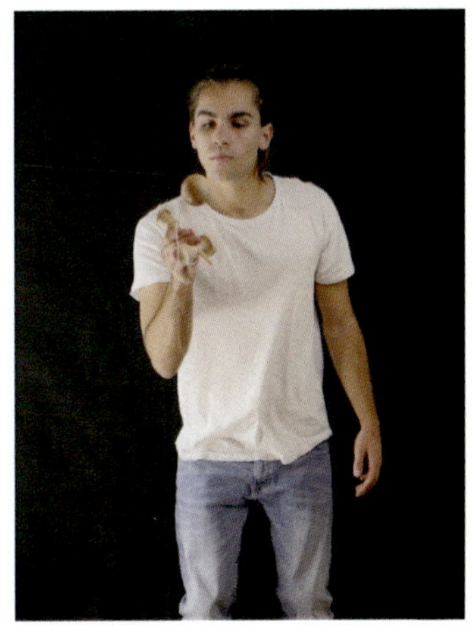

Wirf die Kugel in die Höhe und gib ihr einen leichten Drall in die Richtung des Base Cups.

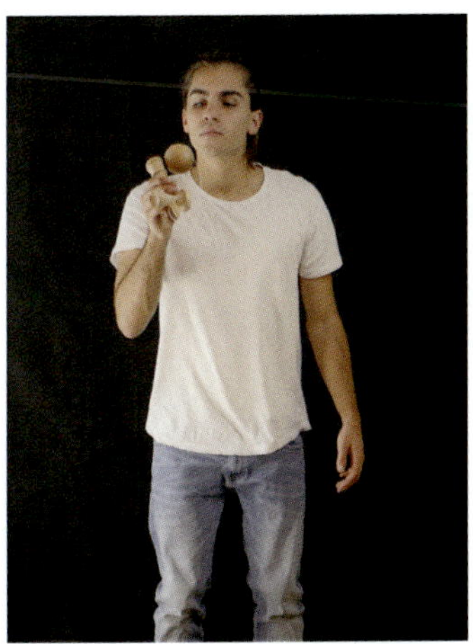

Kipp deine Hand und tippe das Tama mit der Becherkante an, sodass es abspringt und wieder Richtung Big Cup fliegt.

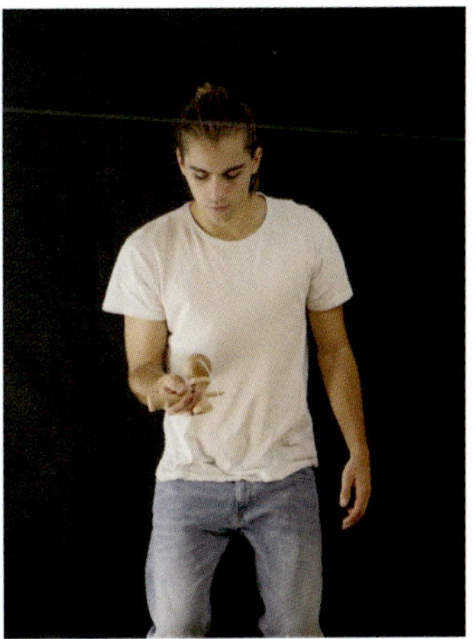

Fang das Tama wieder im Big Cup.

Variationen: Du kannst das Tama nach dem Tap auch auf einem der anderen Becher fangen oder versuchen, es mehrmals anzutippen. Vielleicht schaffst du es sogar, noch einen Orbit einzubauen, bevor das Tama wieder im Cup landet.

13. SPIKE / TOMEKEN

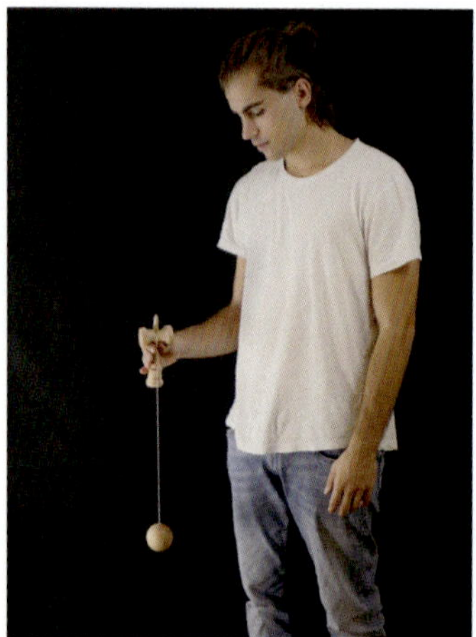

Halt das Ken im Ken-Griff und lass das Tama gerade herunterhängen. Hier ist es sehr wichtig, dass sich das Tama nicht bewegt, sondern ganz still da hängt.

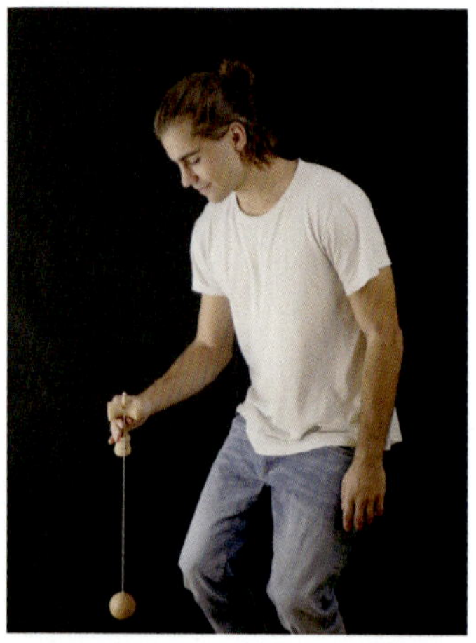

Außerdem ist es hilfreich, wenn der Spike schon nach oben zeigt, das spart Zeit. Bringe das Tama mit der Hilfe deiner Knie gerade vor dir herunter.

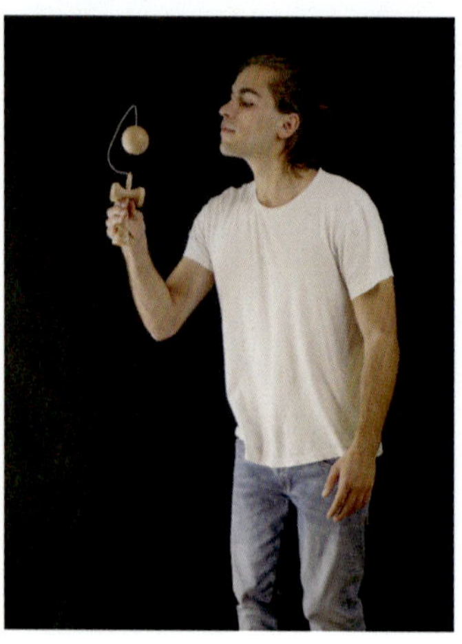

Streck deine Beine wieder aus und ziehe gleichzeitig aus deinem Unterarm gerade nach oben.

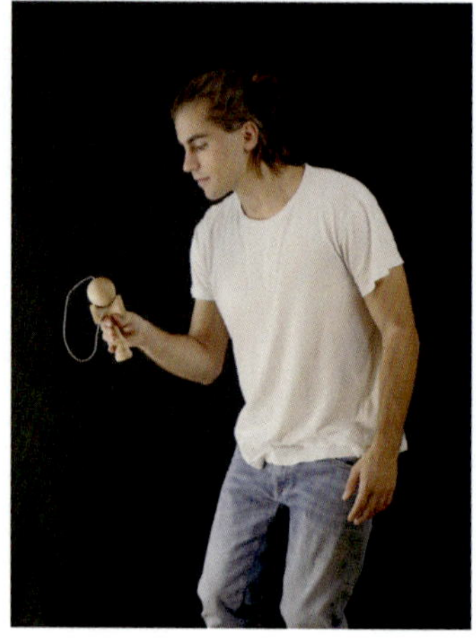

Wenn du den Trick korrekt ausführst, zeigt das Loch des Tamas genau nach unten, du kannst den Spike also perfekt darunter platzieren und ganz einfach spiken!

14. HANGING SPIKE / TSURUSHI-TOMEKEN

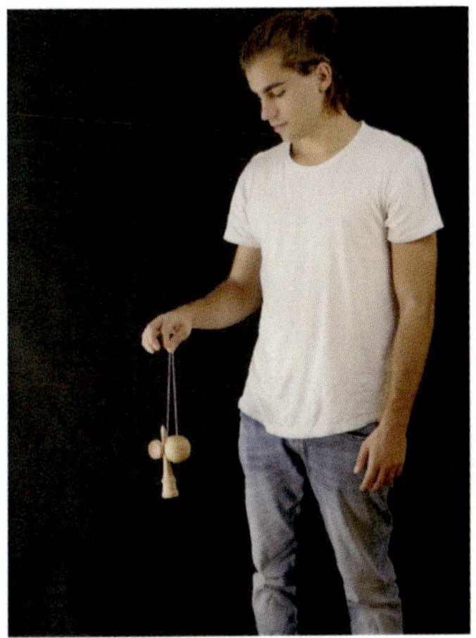

Starte im hängenden Griff, nimm dabei deine dominante Hand.

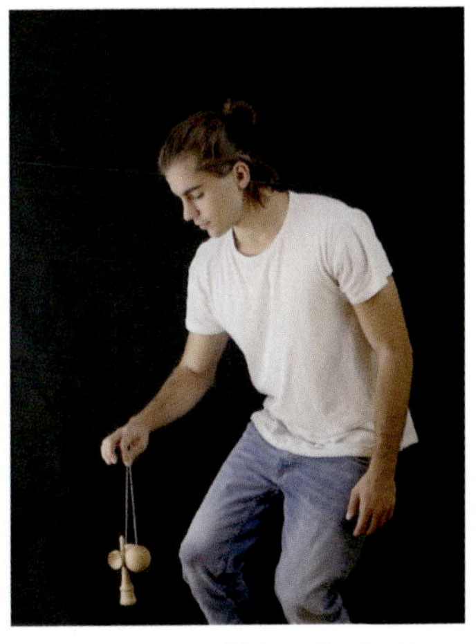

Gehe in die Knie und bringe das Kendama vor dir herunter.

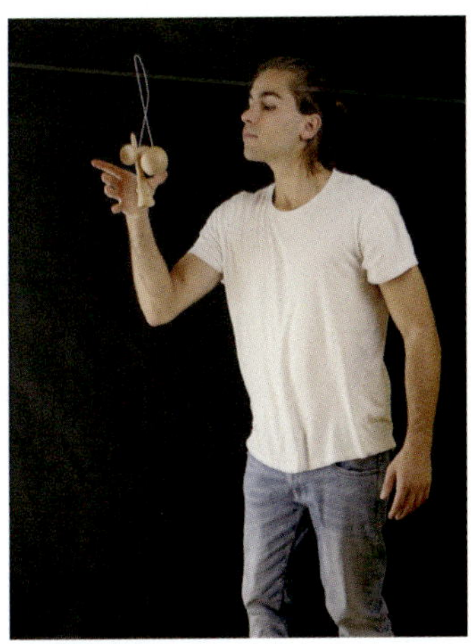

Strecke deine Beine wieder aus, lass die Schnur los und greife das Ken aus der Luft.

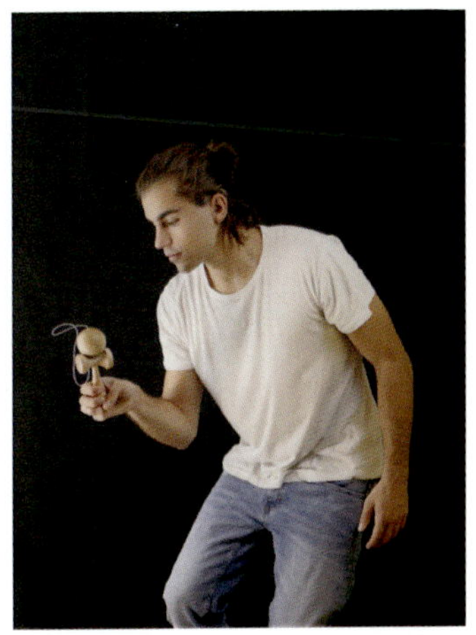

Gehe wieder in die Knie um mehr Zeit zu gewinnen. Platziere den Spike unter dem Loch des Tamas und spieße es auf. Hier musst du wirklich schnell sein.

15. FASTER THAN GRAVITY

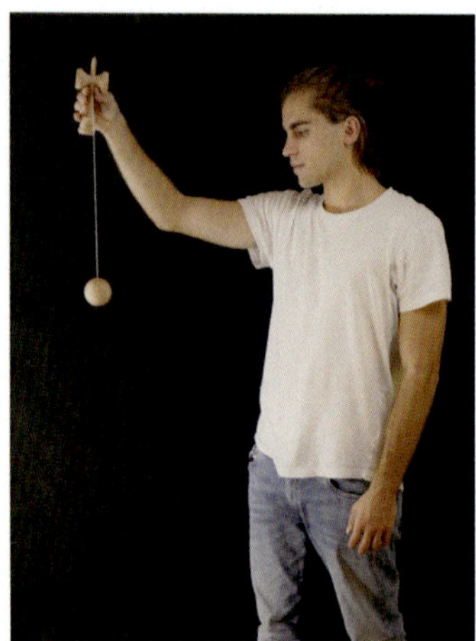

Beginn im Ken-Griff, streck deinen Arm nach oben aus und bring das Tama zum Stillstand.

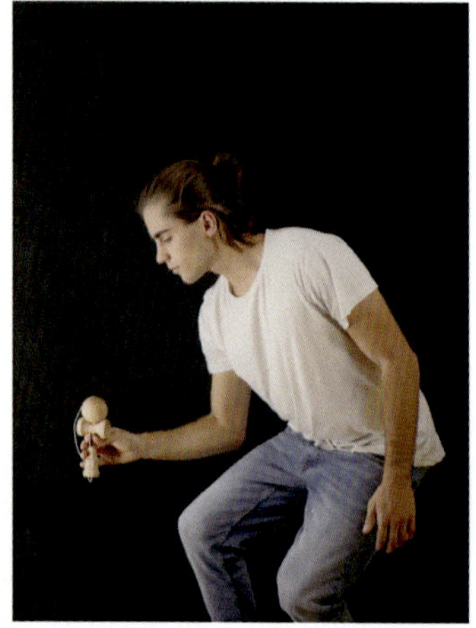

Ohne das Tama nach oben zu ziehen, musst du nun das Ken so schnell wie möglich nach unten bringen. Du musst also schneller als die Schwerkraft sein, um den Spitz rechtzeitig unter das Loch zu bekommen.

16. AEROPLANE / HIKOKI

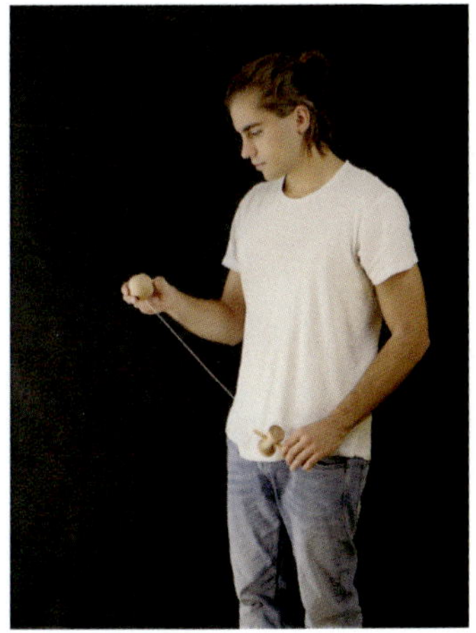

Halt die Kugel im Tama-Griff und das Ken in deiner anderen Hand auf Hüfthöhe.

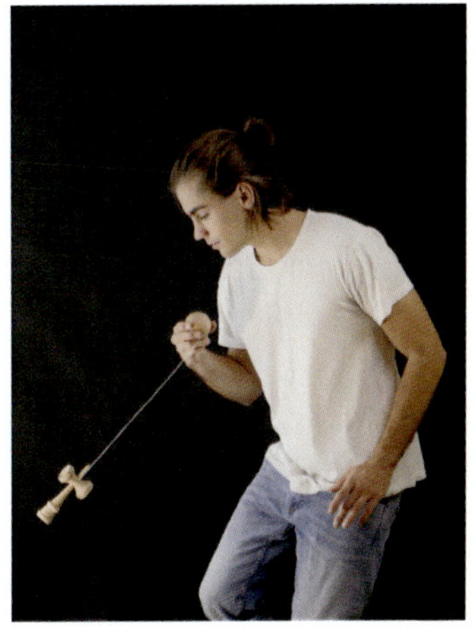

Lass das Ken nach vorne schwingen und folg seiner Bewegung mit deinen Knien.

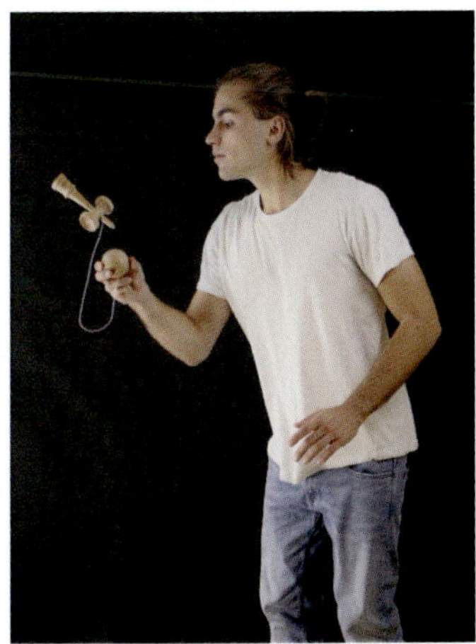

Streck deine Knie wieder aus, zieh das Tama nach oben und zugleich etwas zu dir, dadurch bekommt das Ken seine Neigung.

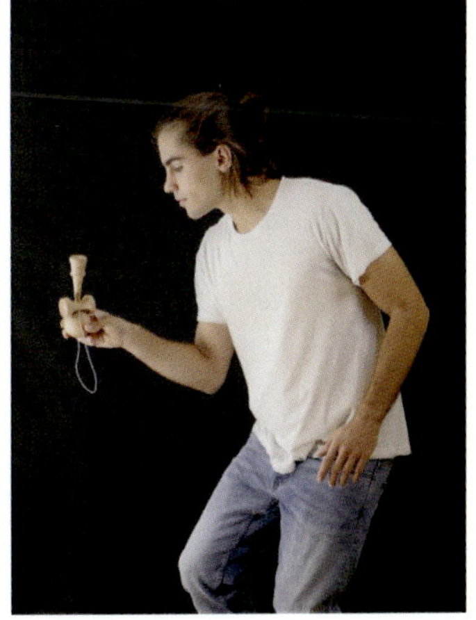

Platzier das Loch unter dem Spitz und folg dem Ken mit deinen Knien. Wenn du im dritten Schritt fester zu dir ziehst, dreht sich das Ken öfter und du kannst einen 2 Turn Aeroplane landen. Natürlich können es auch noch mehr Umdrehungen sein, auch ein drei- oder vierfacher Aeroplane ist möglich.

17. SWING IN / FURIKEN

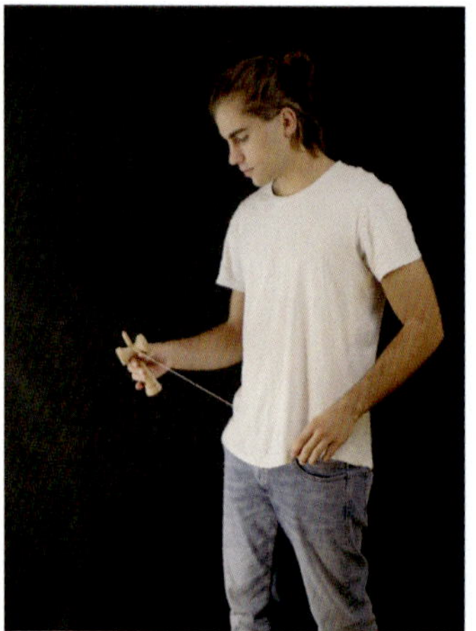

Beginn im Ken-Griff und halt das Tama auf Hüfthöhe.

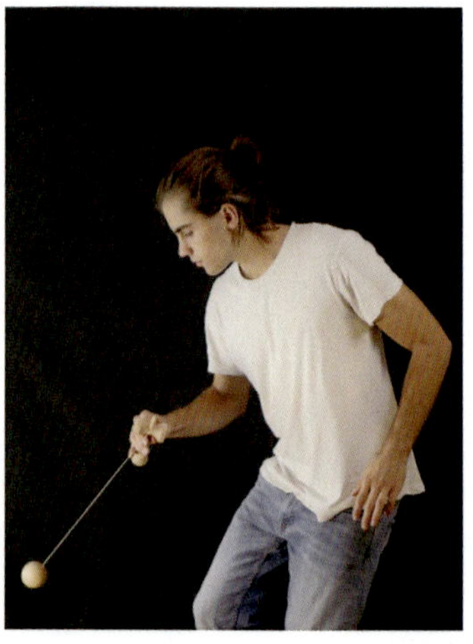

Lass das Tama los und schwinge es nach vorne.

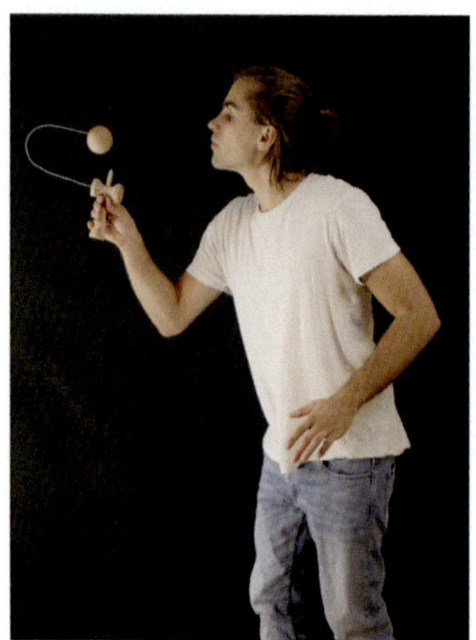

Nimm den Schwung des Tamas mit und versetz es mit einem Ruck aus dem Handgelenk in Rotation.

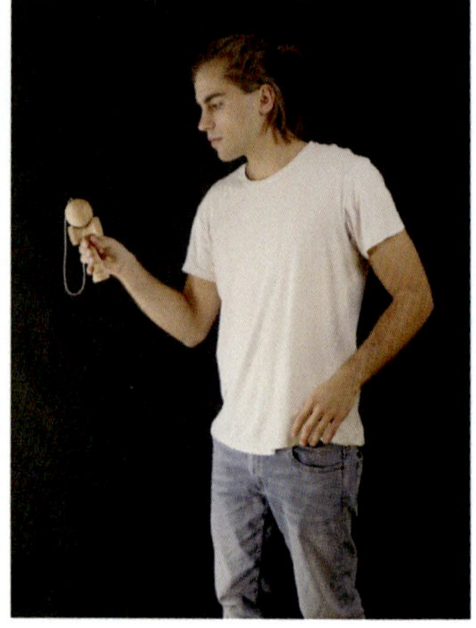

Warte bis sich die Kugel ausreichend gedreht hat und das Loch in der richtigen Position ist.
Wenn du das Loch kommen siehst, lass es einfach auf den Spike gleiten. Du musst nicht zustechen, das Tama sollte eigentlich darauf fallen.

18. EARTHTURN / CHIKYU-MAWASHI

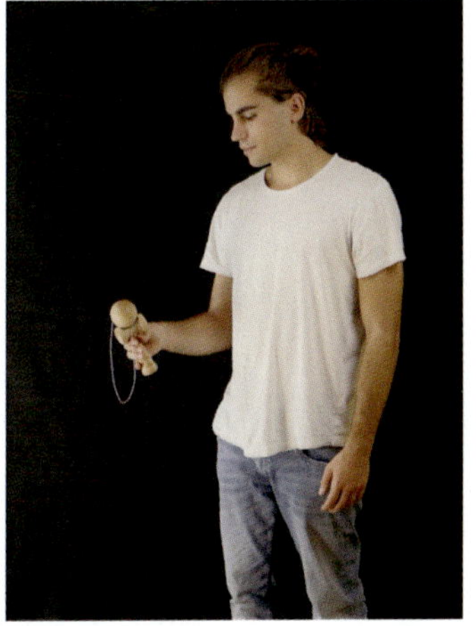

Das Tama steckt auf dem Spike, während du das Ken beispielsweise im Ken-Griff hältst.

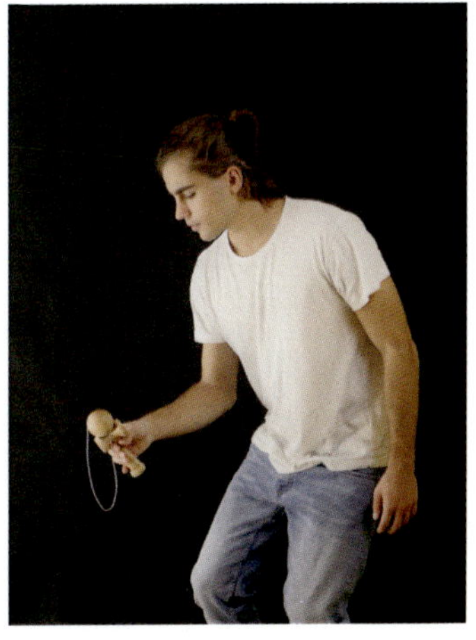

Geh in die Knie und neig deine Hand leicht nach vorne.

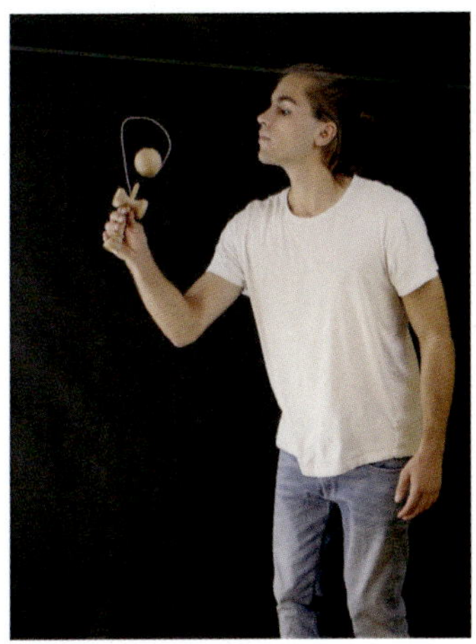

Nun gehst du aus den Knien, wirfst das Tama sanft vom Spike und neigst deine Hand gleichzeitig nach hinten. Durch das Neigen deiner Hand bekommt das Tama seine Rotation.

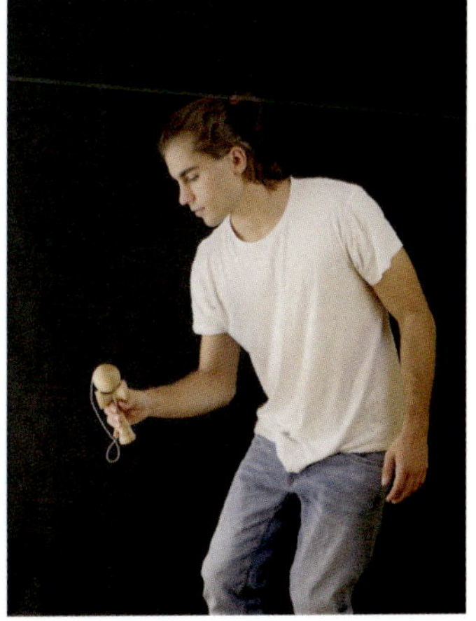

Lass das Tama sich einmal um die eigene Achse drehen und halte den Spike bereit. Wenn sich das Loch auf der richtigen Position befindet, lass es einfach darauf fallen.
Schaffst du auch zwei Umdrehungen?

19. AROUND JAPAN / NIHON ISSHU

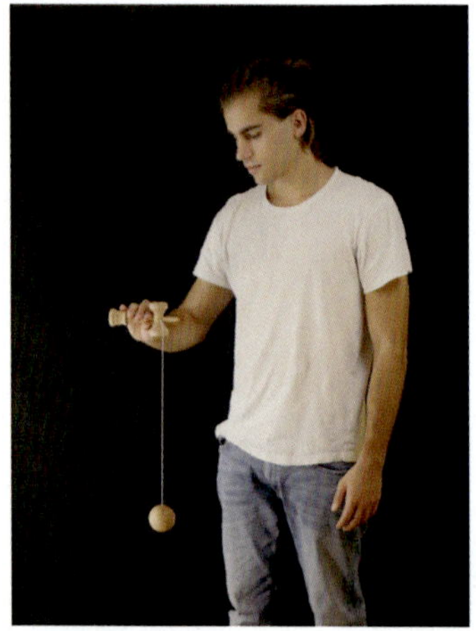

Halt das Ken im Ken-Griff und lass das Tama vor dir herunterhängen.

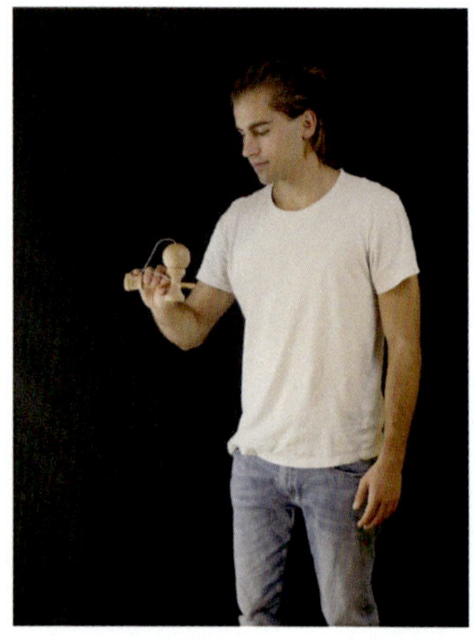

Zieh das Tama hoch und fang es im Small Cup.

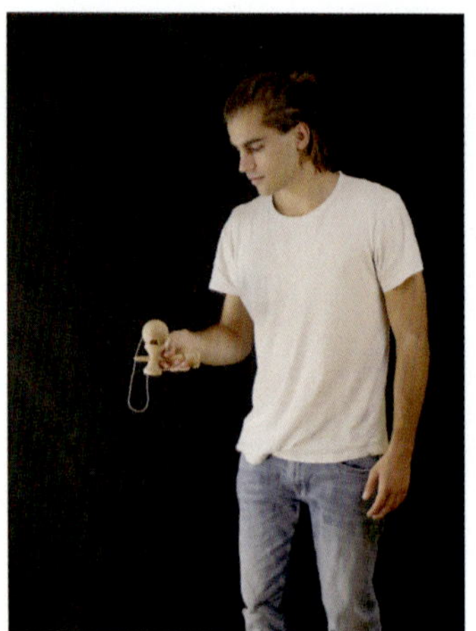

Wirf das Tama wieder in die Höhe und wechsle auf den Big Cup.

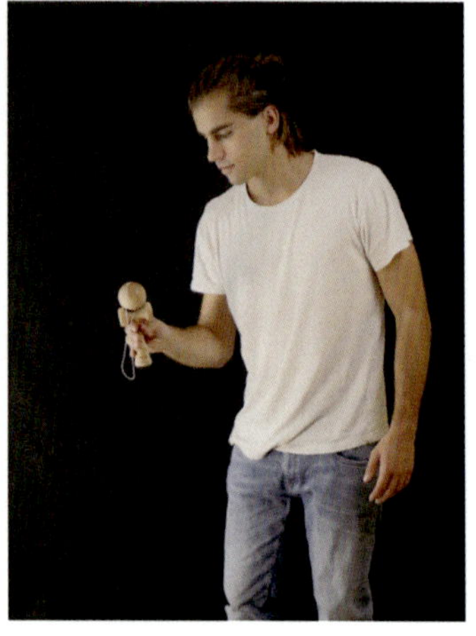

Gib dem Tama vom Big Cup aus den richtigen Drall und spieß es auf.

Wenn du zwischen den Bechern wechselst, achte darauf, dass das Tama immer möglichst knapp bei dir bleibt, dann landet es auch sanfter.

20. AROUND THE WORLD / SEKAI ISSHU

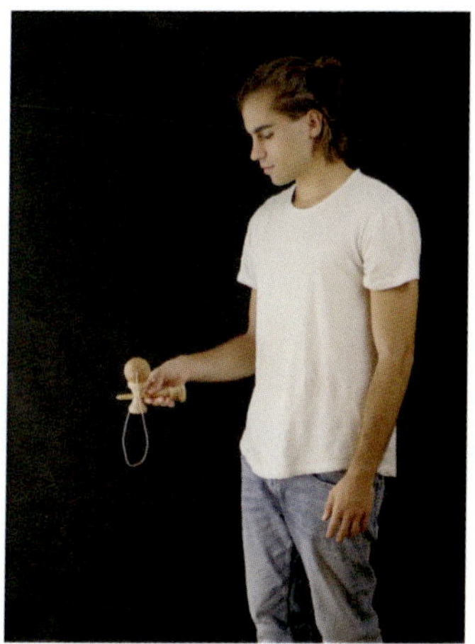

Beginn im Ken-Griff und fang das Tama im Big Cup.

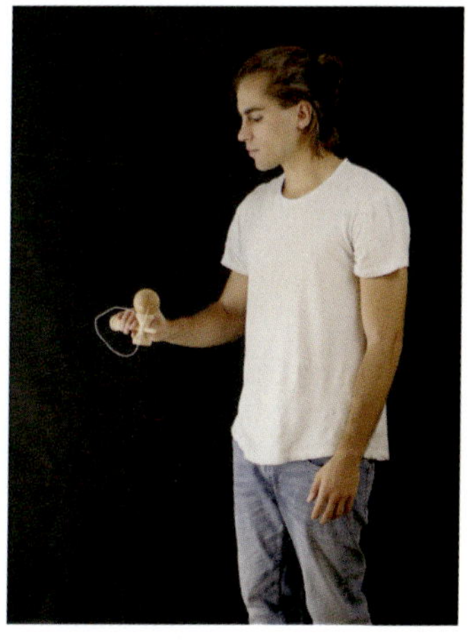

Wirf es in die Höhe und wechsle auf den Small Cup.

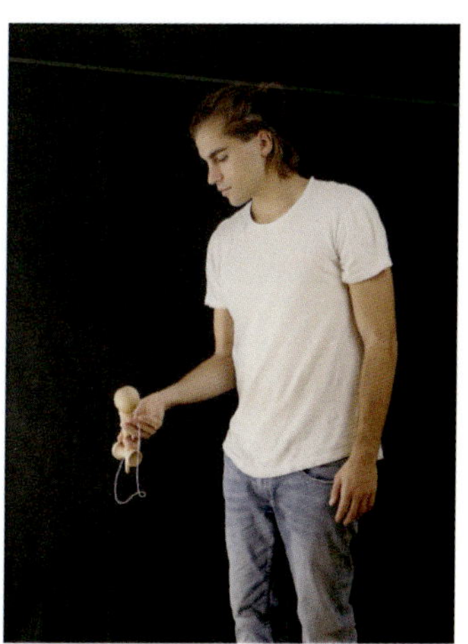

Nun fang es auf dem Base Cup.

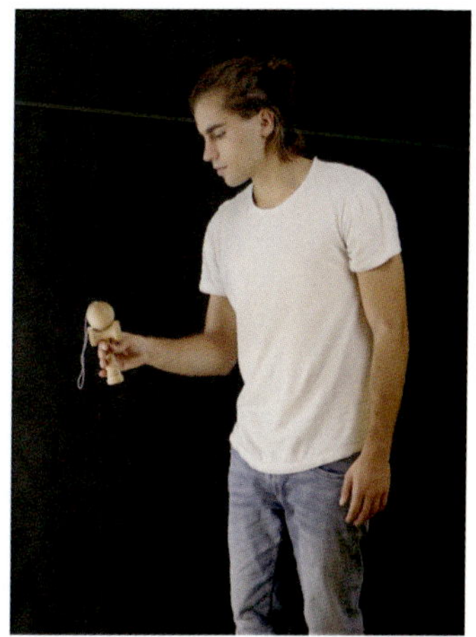

Um den Trick zu vollenden, musst du das Tama nun vom Base Cup aus aufspießen.

21. SLIP ON STICK / KENSAKI SUBERI

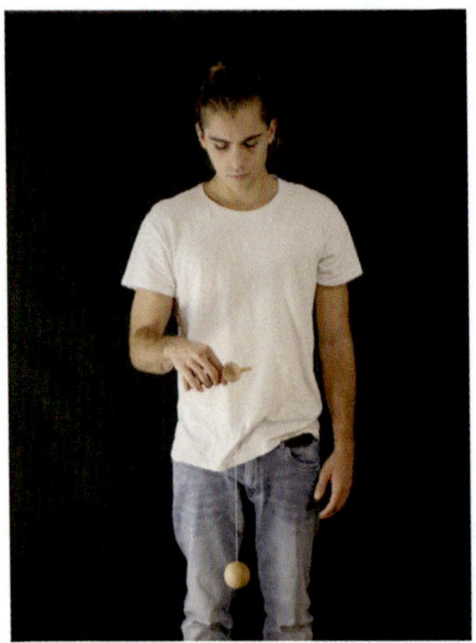

Beginn im Ken-Griff.

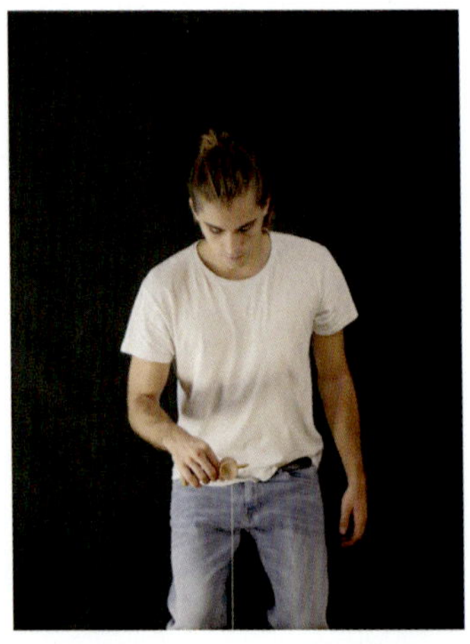

Geh in die Knie, streck sie wieder aus und ziehe das Tama so gerade wie möglich nach oben. Das Ken hältst du horizontal.

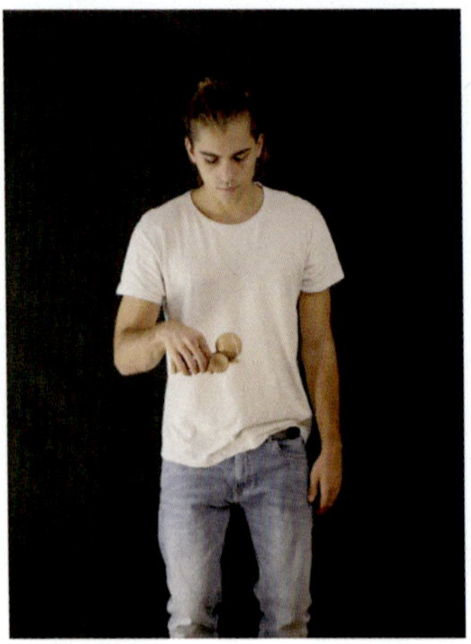

Nun musst du das Tama, mit dem Loch nach unten, auf dem Spike fangen. Dabei lehnt es seitlich am Sara-Do und liegt deshalb stabil.

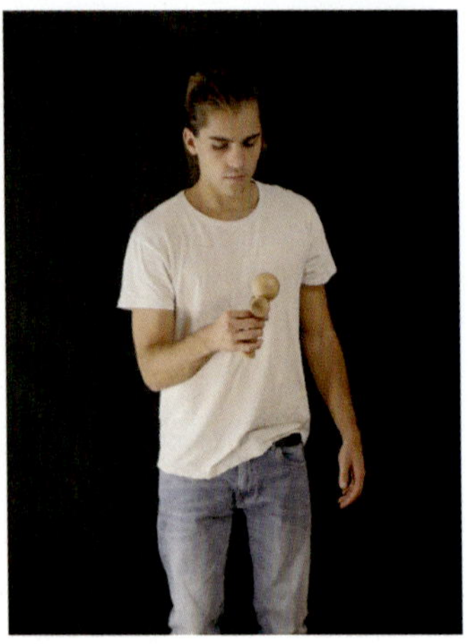

Zieh das Ken zur Seite, sodass das Tama vom Spike kippt und stich kurz danach in die andere Richtung, um das Tama aufzuspießen. Deine Hand drehst du gleichzeitig in eine aufrechte Position und stellst damit sicher, dass der Spike nicht aus dem Tama rutscht.

22. LIGHTHOUSE / TOUDAI

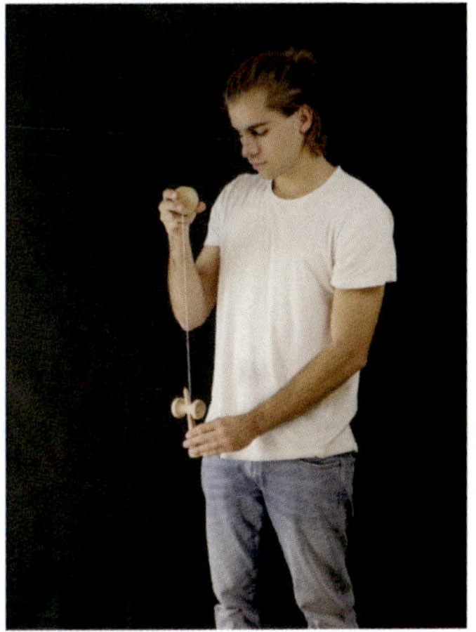

Beginn im Tama-Griff und stopp das Ken mit der anderen Hand, sodass es völlig still hängt.

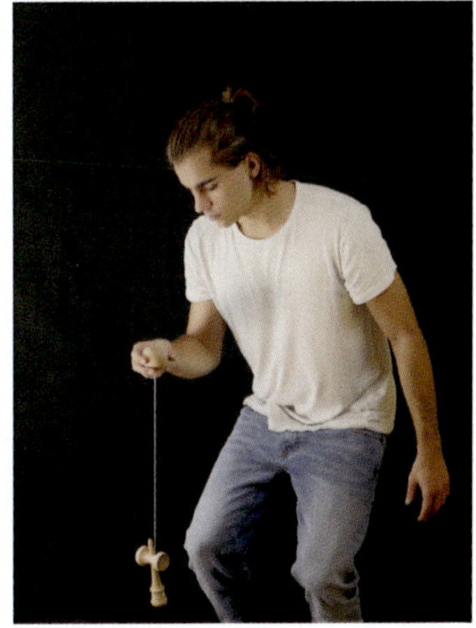

Bring das Ken vor dir herunter und achte darauf, dass die Seite des Sara-Do zu dir zeigt, aus der die Schnur hervor kommt. Das Ken hängt so leicht von dir weg geneigt.

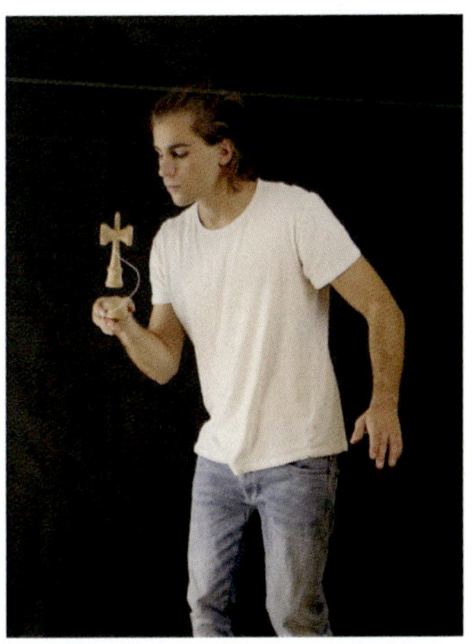

Benutz deine Knie und deinen Unterarm, um das Ken so gerade wie möglich hoch zu ziehen und platzier dann das Tama möglichst knapp unter dem Base Cup.

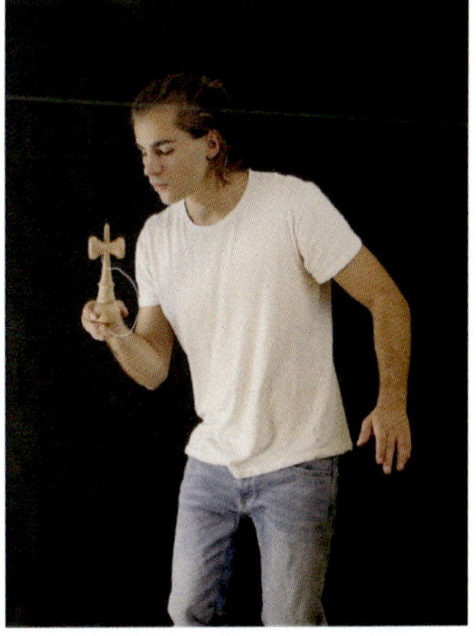

Fang das Ken auf dem Tama und balancier es. Damit das Ken auch stehen bleibt, musst du seine Bewegungen mit deiner Hand ausgleichen.

23. LIGHTHOUSE PRACTICE

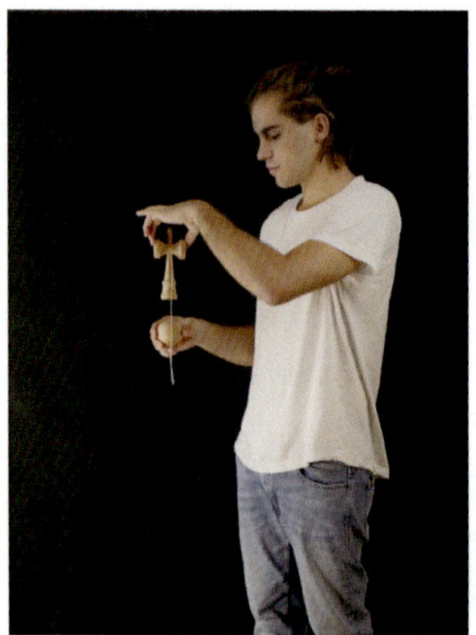

Halt das Ken mit dem Daumen und dem Zeigefinger am Sara-Do.

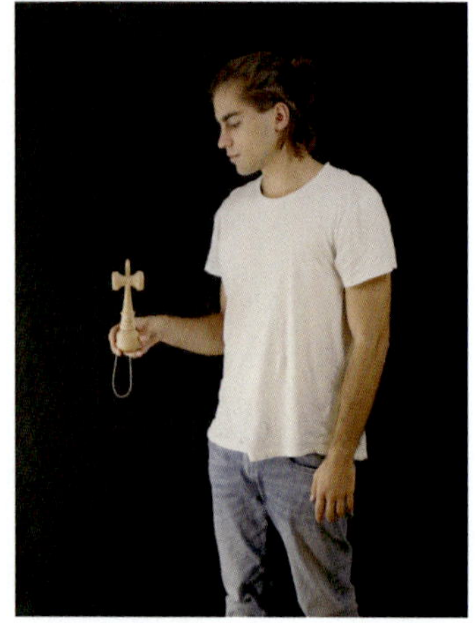

Lass es auf das Tama fallen und versuch, die Balance so lange wie möglich zu halten. Dabei kannst du, je nach Abenteuerlust, in der Fallhöhe variieren. Du wirst sehen, je mehr du übst, desto länger wirst du das Lighthouse halten können.

Das Lighthouse sowie alle Balance Tricks, gilt offiziell als geschafft, wenn es mindestens drei Sekunden lang steht.

24. TRADESPIKE

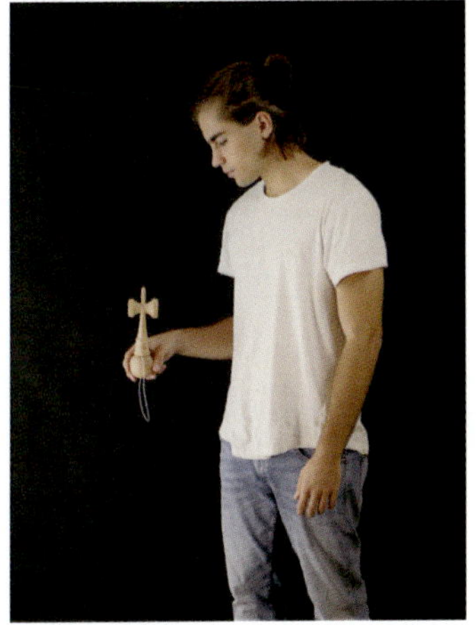

Beginn, wie auch beim Falling In, mit einem Lighthouse.

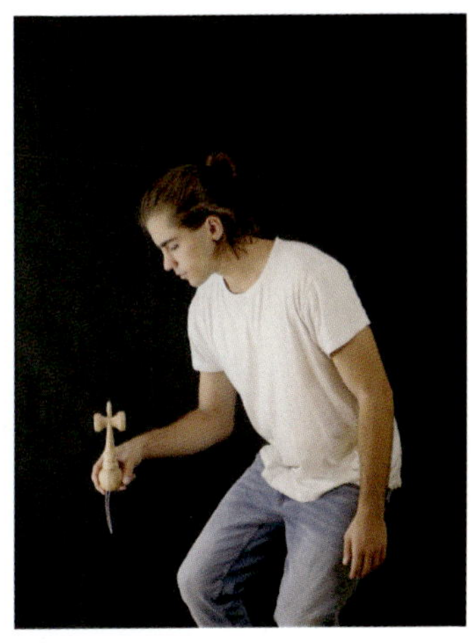

Geh in die Knie.

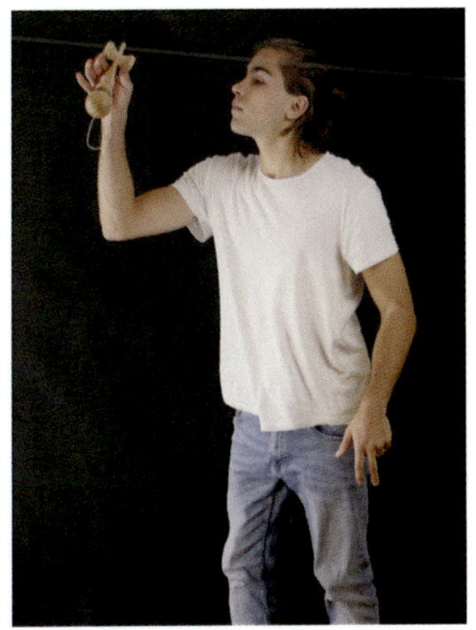

Streck deine Knie wieder aus, bring Ken und Tama in die Höhe, lass das Tama los und greif dir schnell das Ken aus der Luft (Ken-Griff).

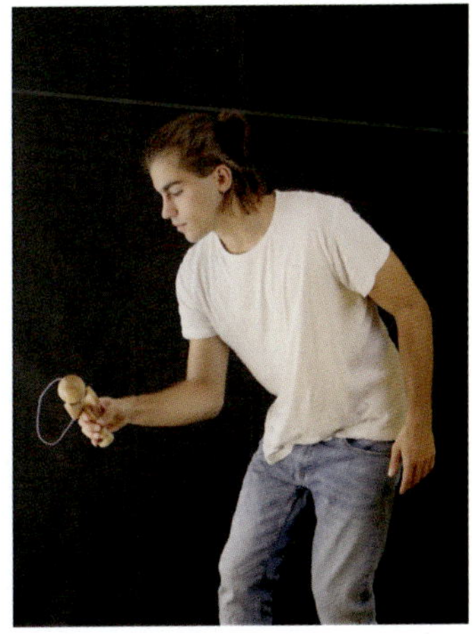

Bring das Ken unter das Tama und spieß es auf.

Hier musst du auf den Drall achten, den du dem Tama beim Wechsel gibst. Davon hängt ab, wie schnell es rotiert. Einfacher ist es natürlich, wenn sich das Loch langsam zu dir neigt.

25. FALLING IN / SAKATOSHI

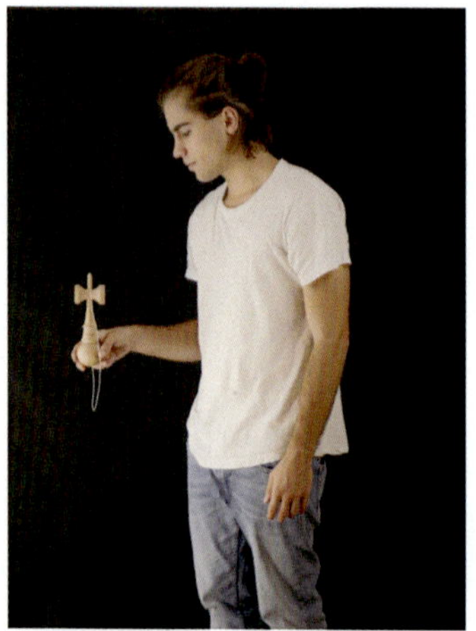

Falling In ist eine der Möglichkeiten, einen Trick wie Lighthouse abzuschließen.

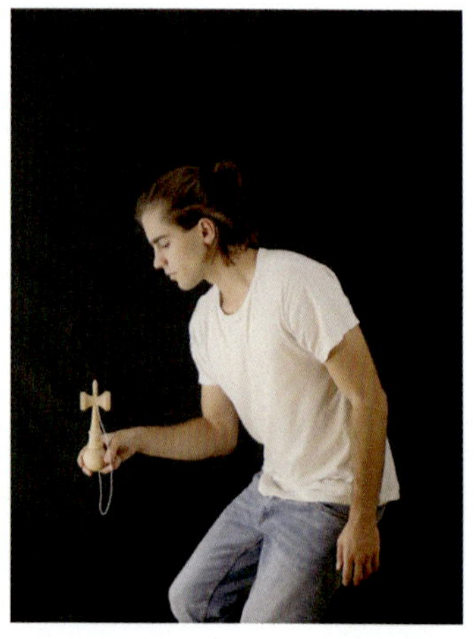

Beug deine Knie, streck sie wieder aus und gib dem Ken durch eine leichte Vorwärtsbewegung deiner Hand einen Stoß.

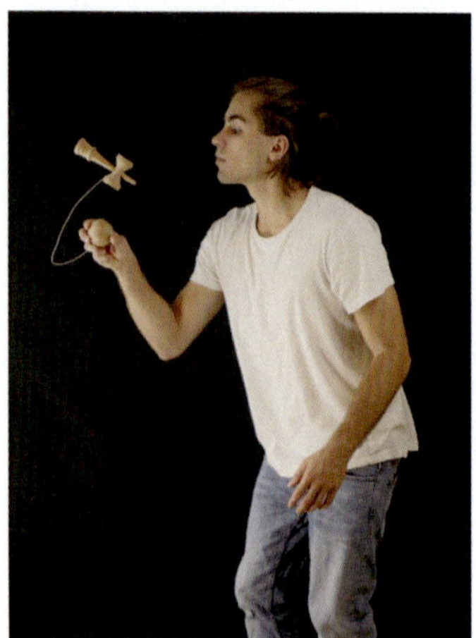

Das Ken macht eine halbe Drehung und neigt sich mit dem Spike zu dir. Warte, bis sich das Ken genug gedreht hat und halt das Loch unter den Spitz.

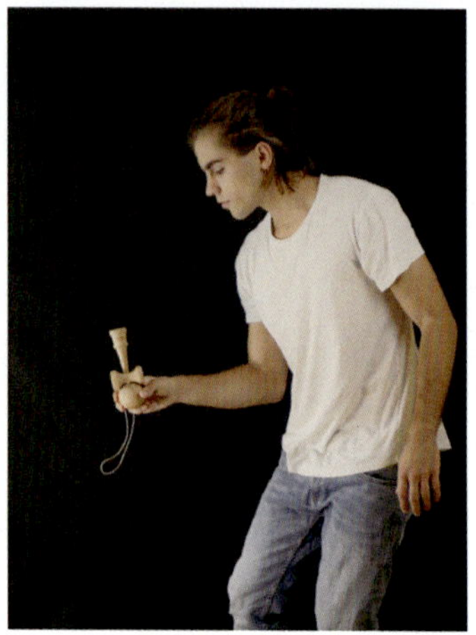

Spike!

26. FLYING TOP

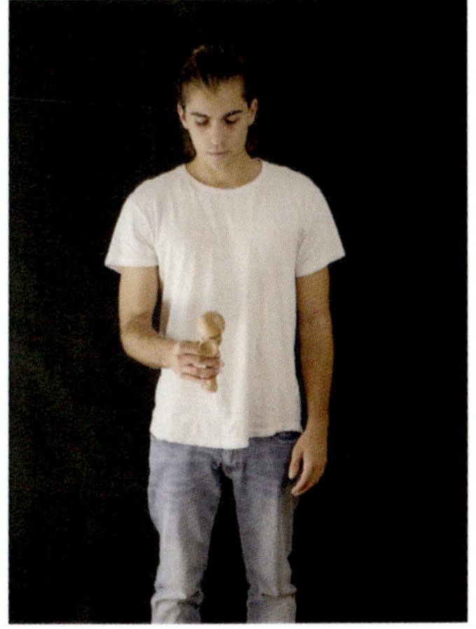

Das Tama steckt auf dem Spike, während du das Ken im Ken-Griff hältst.

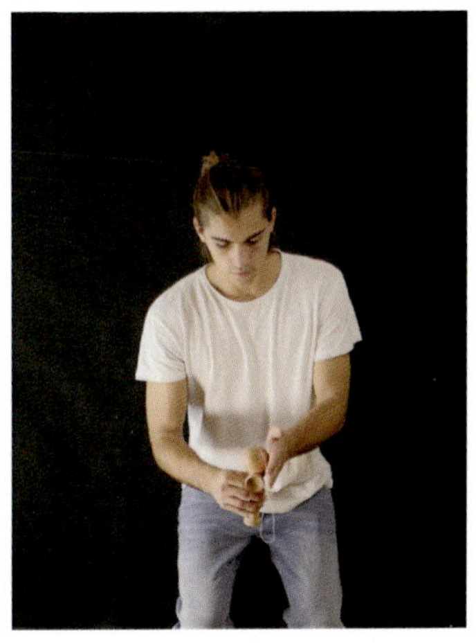

Leg deine Handfläche auf das Tama und geh in die Knie.

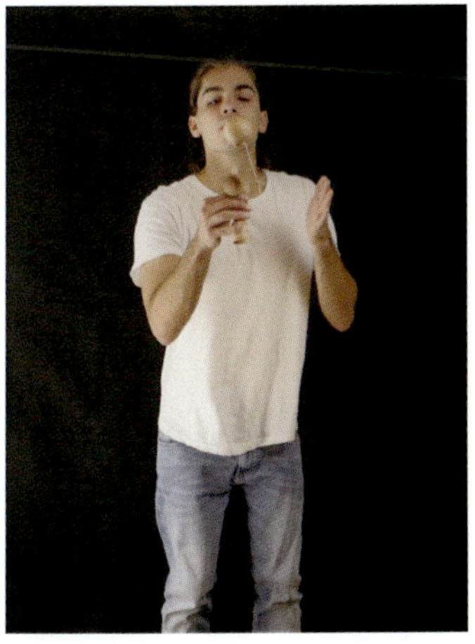

Wirf das Tama vom Spitz und zieh gleichzeitig mit deiner Hand zu dir.

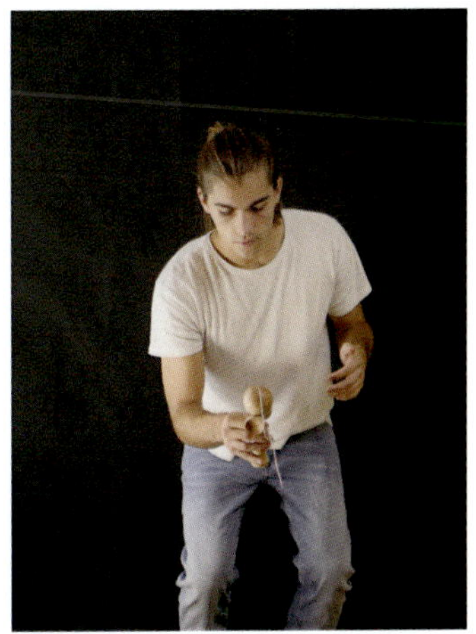

Durch die Drehung stabilisiert sich das Tama, das Loch bleibt demnach unten und du kannst mit Leichtigkeit spiken.

27. JUMPINGSTICK / HANEKEN

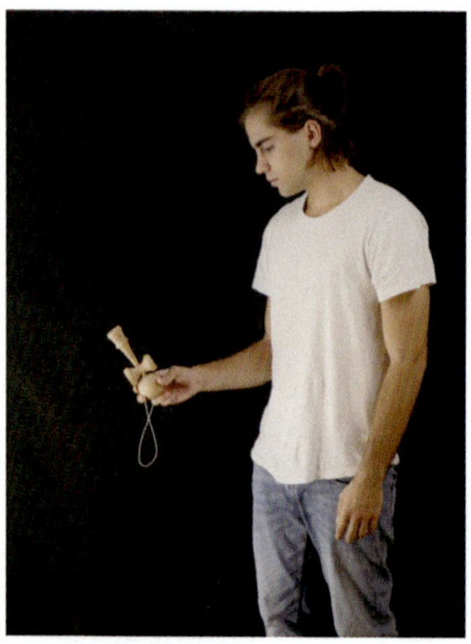

Du startest im Tama-Griff, während das Ken im Tama steckt – zum Beispiel nach einem Aeroplane.

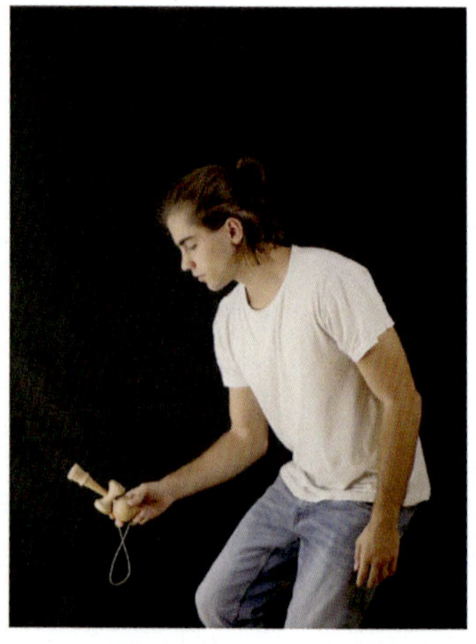

Bring das Ken vor dir herunter und neig deine Hand leicht nach vorne. Der kleine Becher sollte zu dir zeigen, das garantiert einen stabilen Flug.

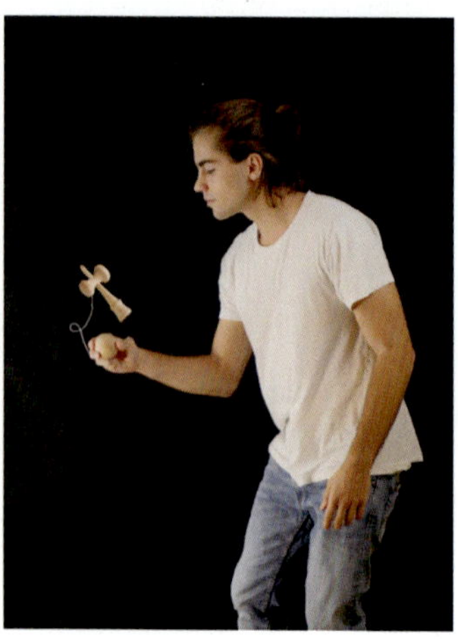

Streck deine Beine wieder aus und wirf das Ken mit einem leichten Drall aus dem Tama. Die Drehung erzeugst du durch das Zurückneigen deiner Hand.

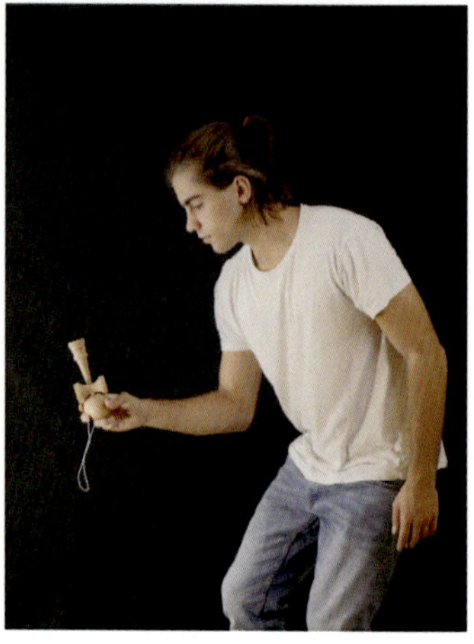

Wenn das Ken eine volle Umdrehung hinter sich hat, versuch es wieder im Tama zu fangen.

Traust du dir auch einen doppelten oder dreifachen Jumping Stick zu?

28. AEROPLANE TO BASECUP

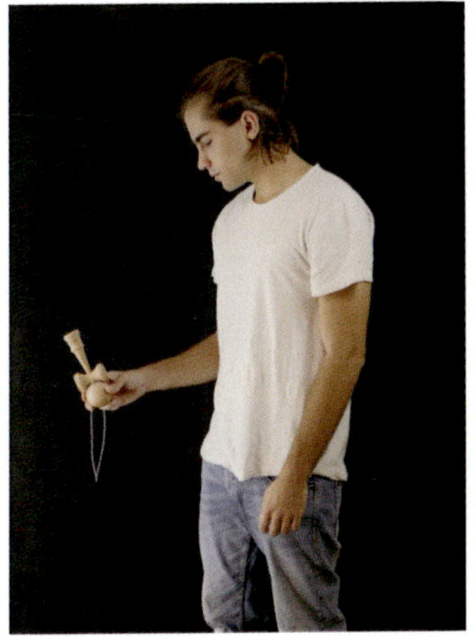

Mach einen Aeroplane.

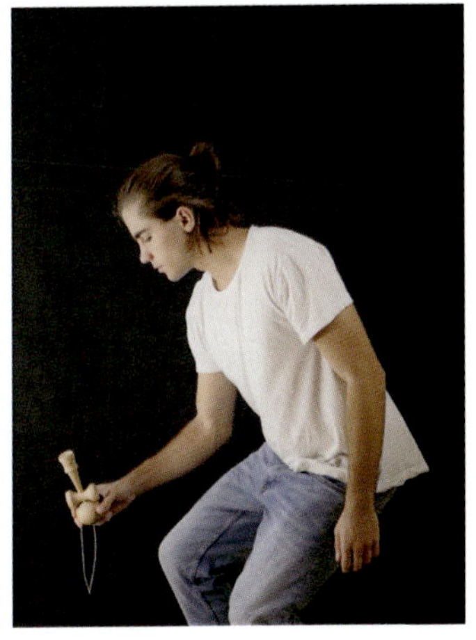

Geh in die Knie, um einen stabilen Wurf zu garantieren.

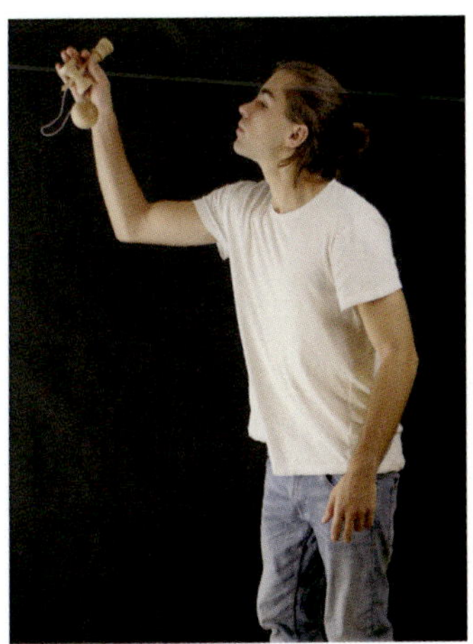

Wirf das Kendama nach oben und greif dir schnell das Ken im Sara-Griff.

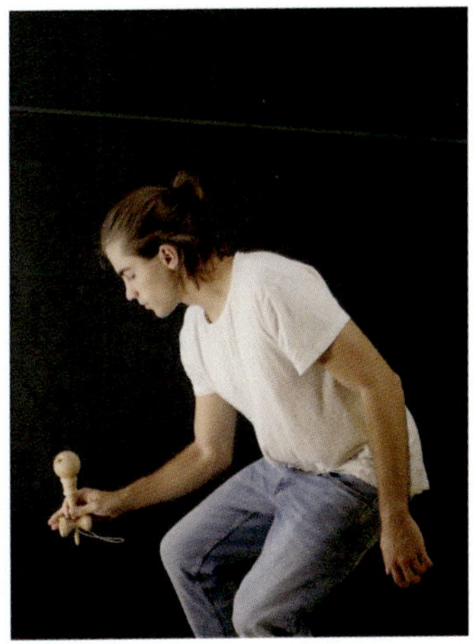

Bring das Ken nun schnell unter das Tama und fang es im Base Cup.

29. REVERSE GRAVITY

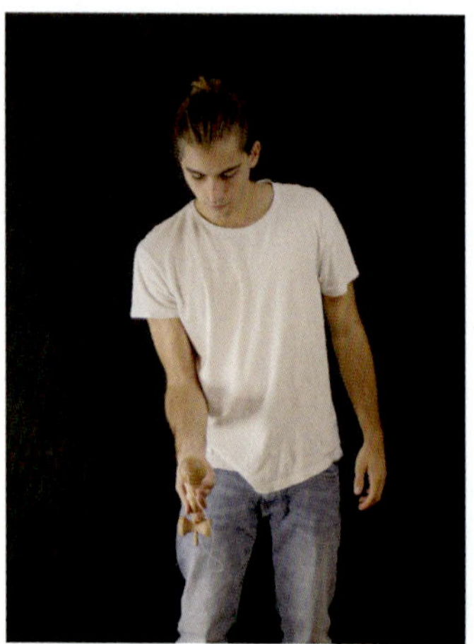

Fange das Tama im Base Cup.

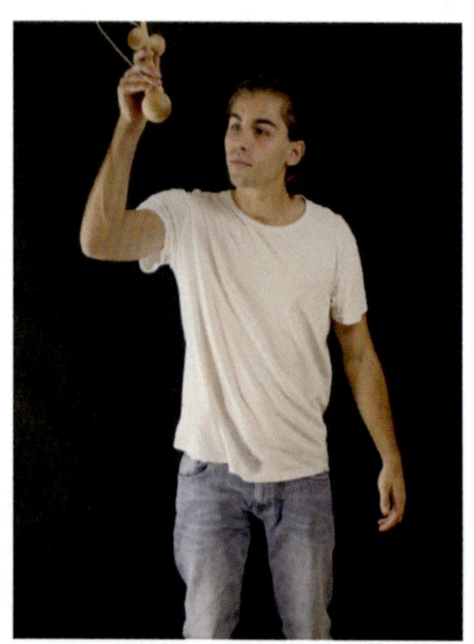

Bring das Kendama, mit dem Tama am Becher, in einem Schwung über deinen Kopf hinweg, ohne dass die Teile den Kontakt verlieren.

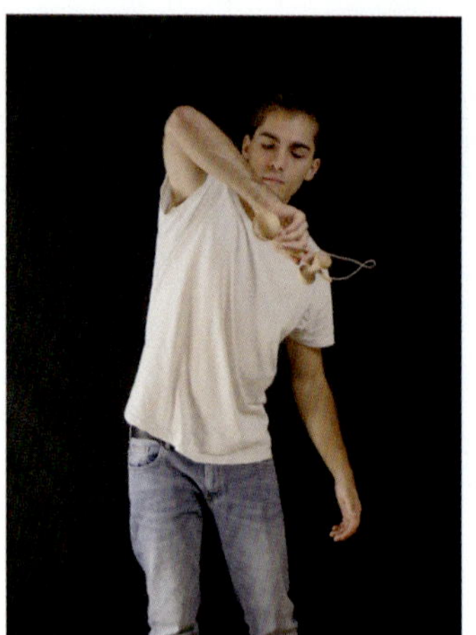

Bring das Kendama, mit dem Tama am Becher, in einem Schwung über deinen Kopf hinweg, ohne dass die Teile den Kontakt verlieren.

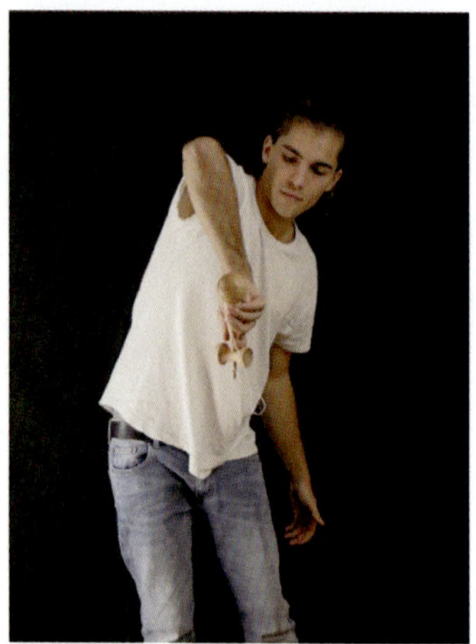

Diesen Trick musst du relativ schnell ausführen, um zu verhindern, dass das Tama vom Becher fällt.

30. KENFLIP

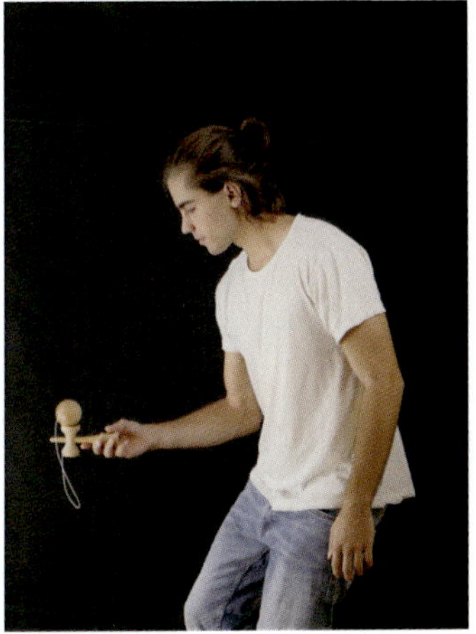

Fang das Tama am Big Cup (Ken-Griff) und rutsch mit deinem Daumen hinunter bis zum unteren Becherrand.

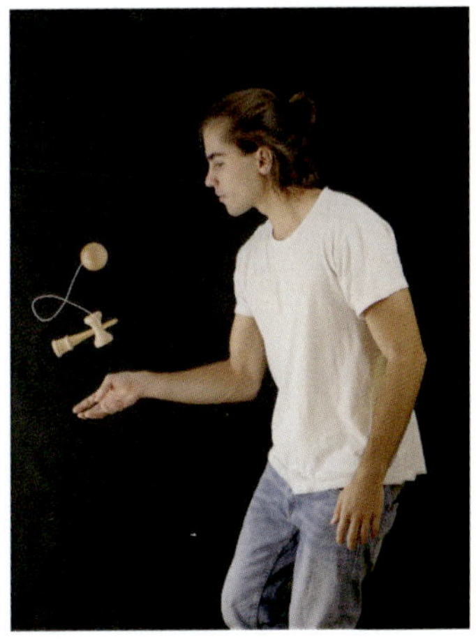

Wirf das Tama in die Luft und dreh das Ken zugleich, indem du mit deinem Daumen nach unten ‚kickst'.

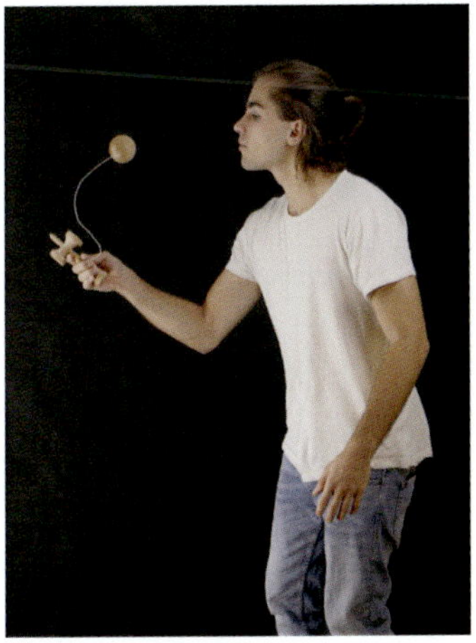

Wenn sich das Ken einmal gedreht hat, fang es wieder im Ken Griff. Der Big Cup sollte wieder nach oben zeigen.

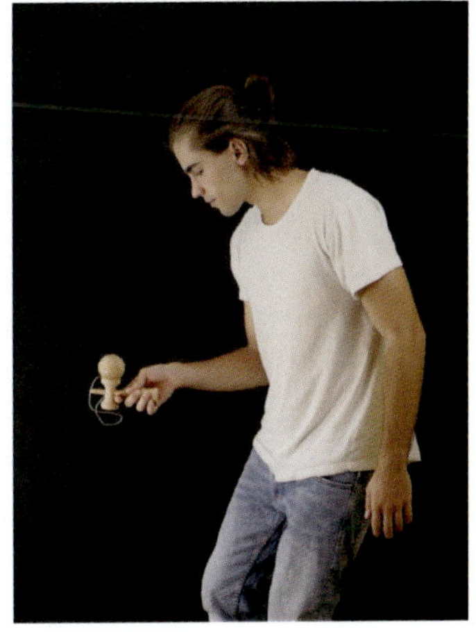

Hast du das Ken richtig gefangen, konzentrier dich wieder auf das Tama und fang es im Big Cup.

Den Kenflip kannst du fürs Erste auch nur in deiner Hand und ohne das Tama üben.

31. HALF FLIP

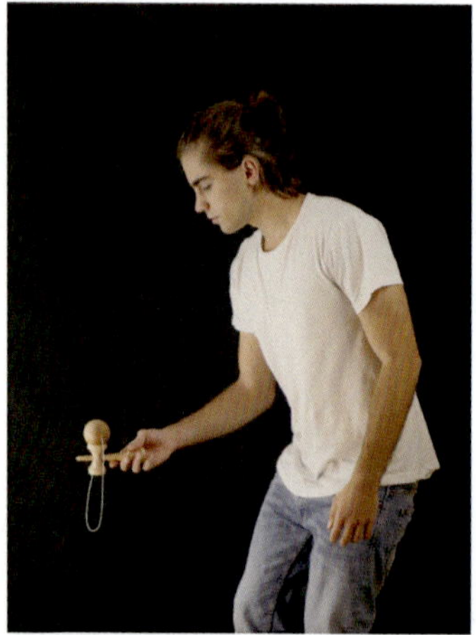

Halt das Ken im Ken-Griff, während du das Tama auf dem Big Cup hältst.

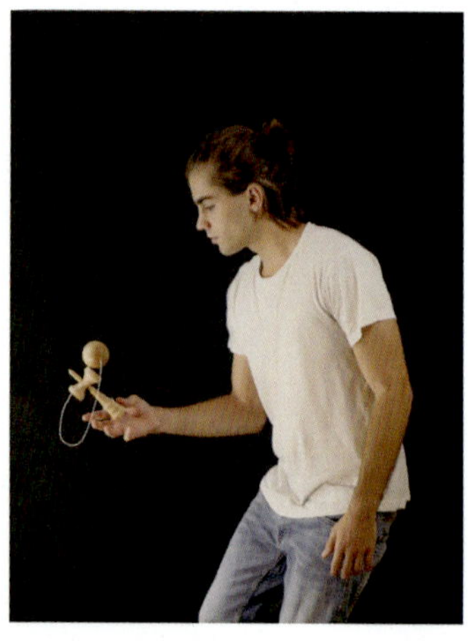

Dreh das Ken wieder wie beim Kenflip, nur diesmal etwas leichter.

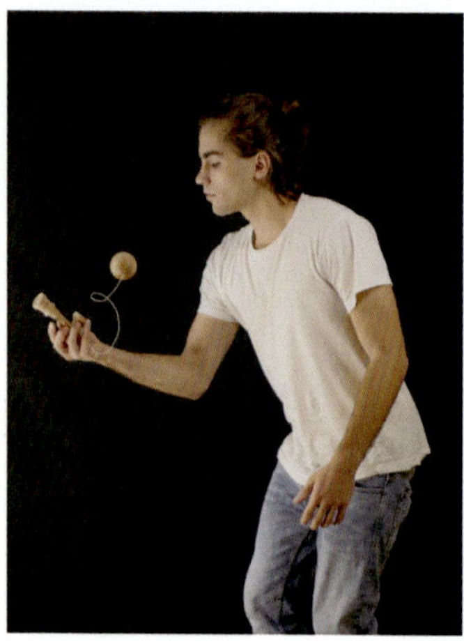

Nach einer halben Umdrehung greifst du das Ken am Big Cup.

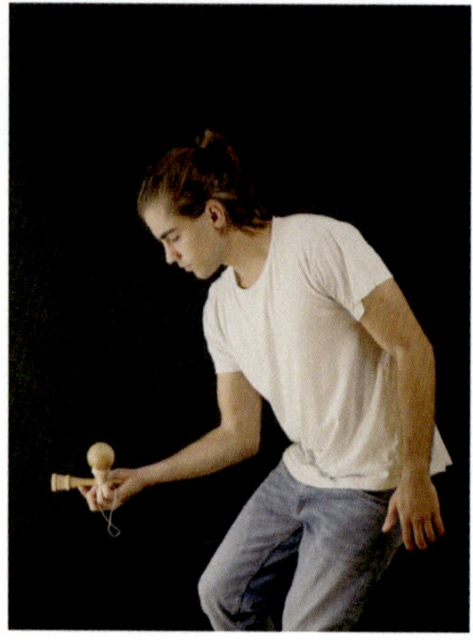

Nun fängst du das Tama am Small Cup und fertig ist der Half Flip.

Kannst du das Ken auch nur um eine Viertelumdrehung drehen und auf Candlestick wechseln?

32. BIRD / UGUISU

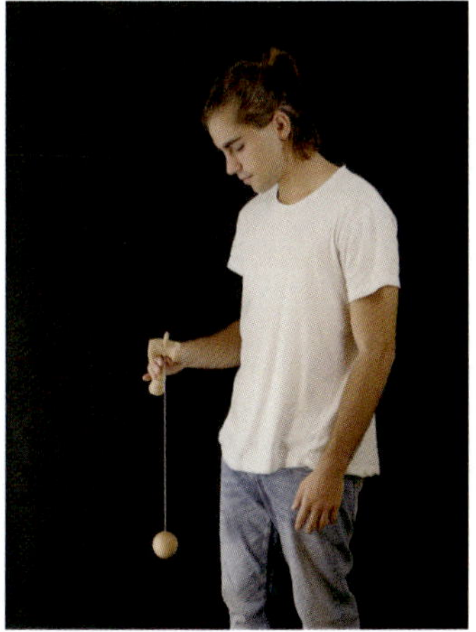

Du startest im Ken-Griff und lässt das Tama einfach hängen.

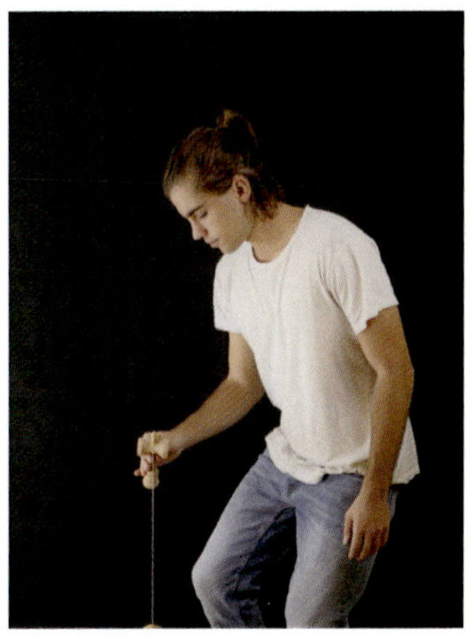

Bring nun das Tama hinunter und folge seiner Bewegung mit deinen Knien.

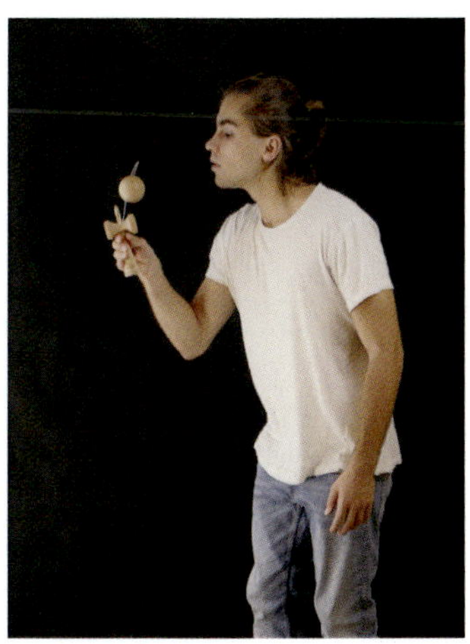

Zieh das Tama ganz gerade hinauf, als würdest du spiken.

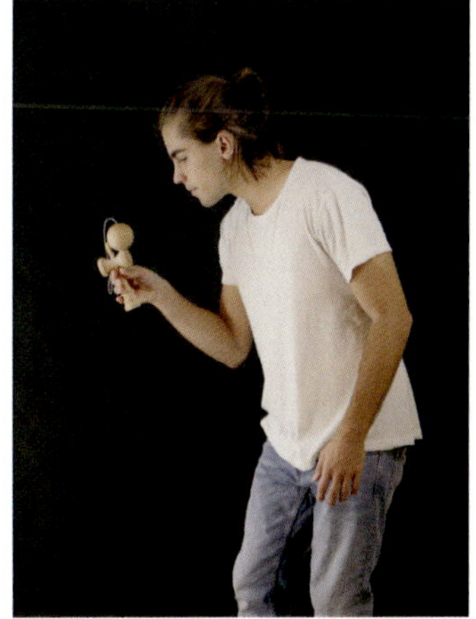

Jetzt musst du aber, anders als beim Spiken, das Loch des Tamas auf dem Becherrand des Big Cups landen lassen. Halt dein Ken am besten leicht schief, das Tama lehnt dann am Spike und bekommt so extra Stabilität. Beug deine Knie, um die Landung zu dämpfen und versuch nun den Bird mindestens drei Sekunden lang zu halten.

Wenn du nun aufspießen willst, muss du das Ken einfach nur unter das Tama ziehen und den Spike unter das Loch halten. Du brauchst es gar nicht in die Höhe werfen. Abgesehen vom Fall In kannst du vom Bird auch mit einem 1 oder 2 Turn spiken. Das heißt, du gibst dem Tama vom Becherrand aus einen Drall und spießt es nach der Drehung auf.

Variation 1:
„Bird Over The Valley"

Nachdem du das Tama in der Bird-Position gefangen hast, wirf es ohne Drehung leicht in die Höhe, lehn das Ken in die andere Richtung (also zu dir) und fang es auf dem Rand des Small Cups.

Zum Abschluss natürlich ein Spike, was denn sonst?

Variation 2:
„1 Turn Over The Valley"

Ein „Bird Over The Valley", wobei sich die Kugel jedoch einmal um die eigene Achse dreht.

Oder auch zweimal …

33. 1 TURN LIGHTHOUSE / IKKAITEN-TOUDAI

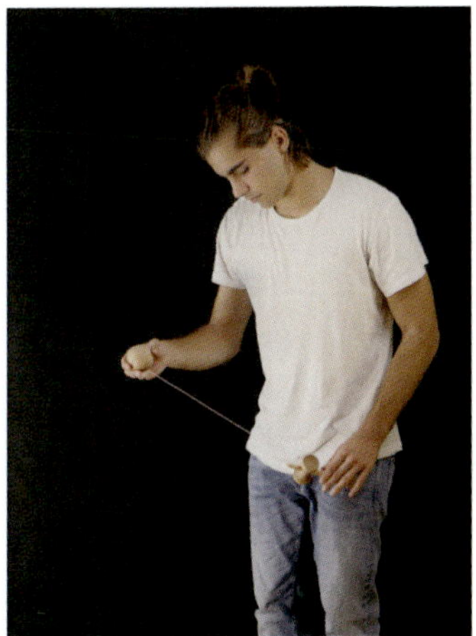

Du startest im Tama-Griff und hältst das Ken auf Hüfthöhe.

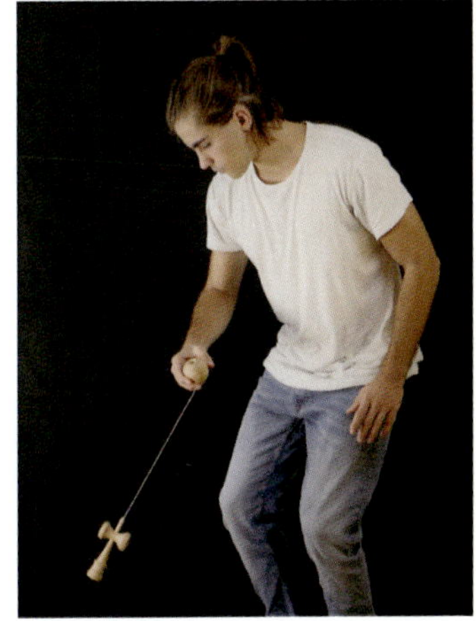

Lass das Ken los und dreh es leicht, sodass der Big Cup zu dir zeigt, wenn du hochziehst. Bei diesem Trick muss der Ruck, den du dem Ken gibst, etwas fester sein als beispielsweise. beim Aeroplane, damit sich das Ken genug dreht und am Lighthouse landet.

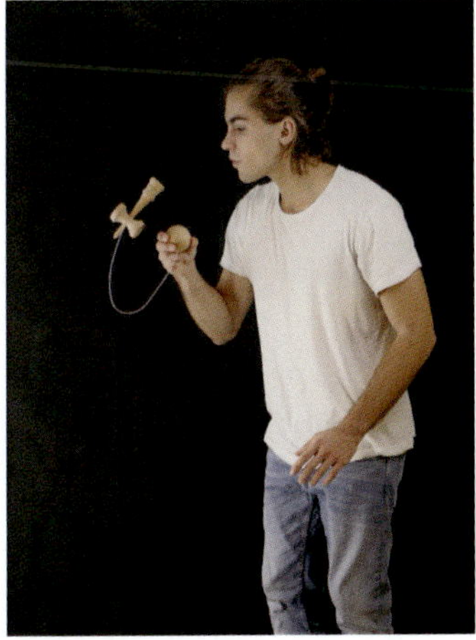

Konzentrier dich auf den Base Cup während das Ken sich dreht, um es im richtigen Moment fangen zu können.

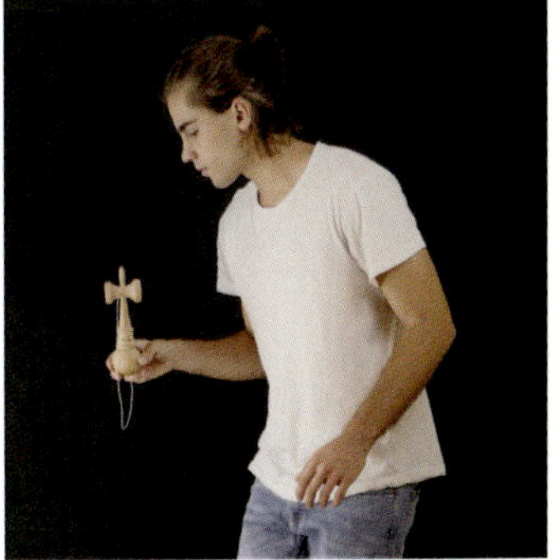

Fang das Ken auf dem Tama, geh dabei in die Knie und halte nun das Lighthouse für mindestens drei Sekunden. Die Bewegungen musst du wieder ausgleichen, damit das Ken auch am Tama bleibt.

Was nun? Falling In? Tradespike? Danach ein Jumping Stick? Oder ein Earthturn?

34. STUNTPLANE

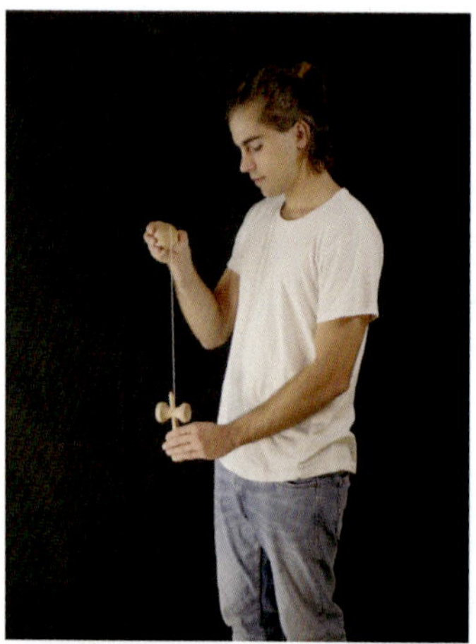

Halt das Tama mit dem Loch nach unten und stopp das Ken. Deinen Zeigefinger kannst du auf das obere Loch des Tama legen, das hilft beim Zielen.

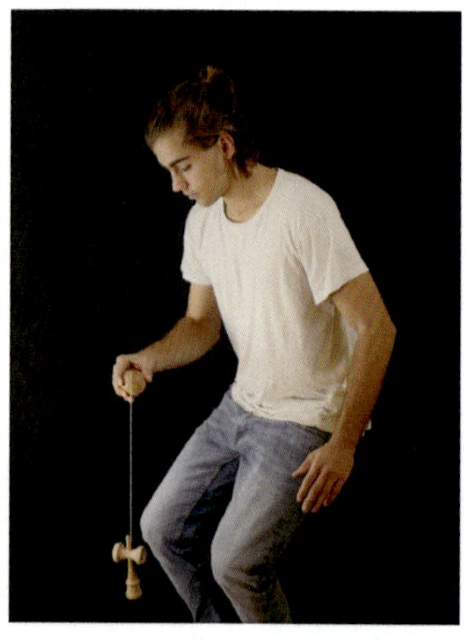

Geh in die Knie und zieh das Ken mit einem Ruck gerade nach oben.

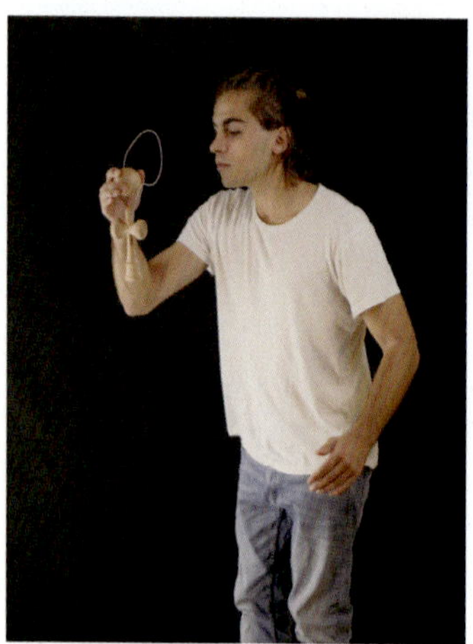

Bevor das Ken seinen höchsten Punkt erreicht hat, steckst du das Tama auf den Spike.

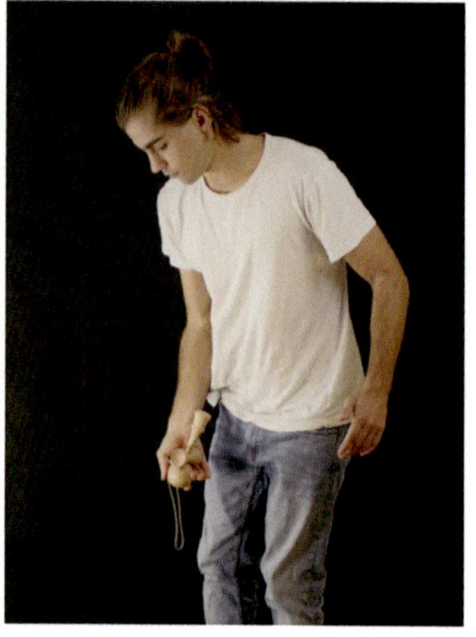

Ist der Spike im Tama, führst du das Ken herunter und drehst deine Hand nach hinten oder zur Seite, um zu verhindern, dass er wieder herausrutscht.

Jetzt könntest du zum Beispiel das Kendama wieder mit Gefühl nach oben bringen, ohne dass sich Tama und Ken trennen, dir das Ken greifen und dann im Ken-Griff weiterspielen.

35. LUNAR

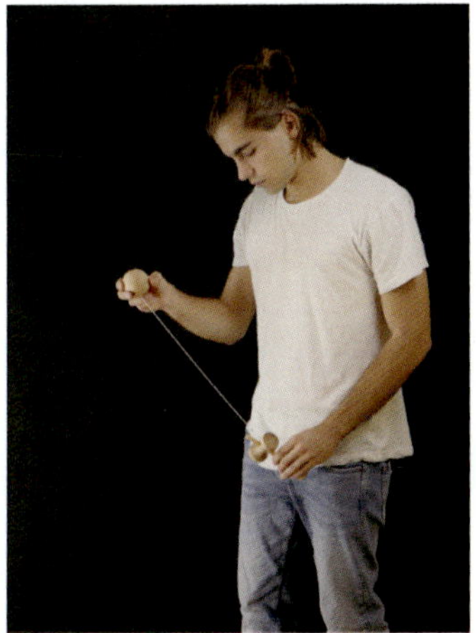

Beginn im Tama-Griff und halt das Ken auf Hüfthöhe.

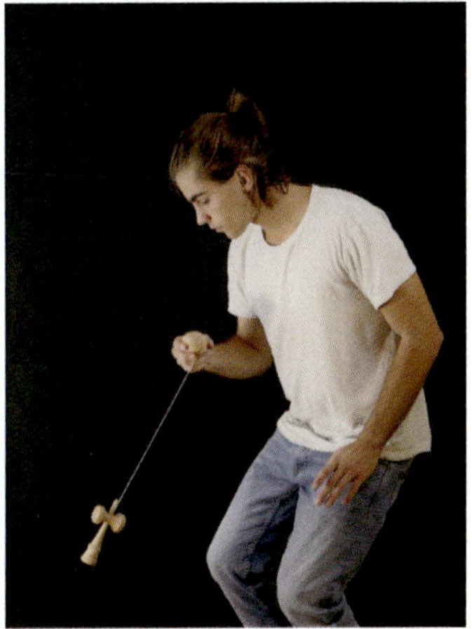

Wenn du das Ken loslässt, dreh es zwischen deinen Fingern leicht nach rechts (wenn du mit der linken Hand spielst, drehst du es nach links). Warte, bis der Big Cup zu dir zeigt und zieh erst dann hoch (wie beim Aeroplane).

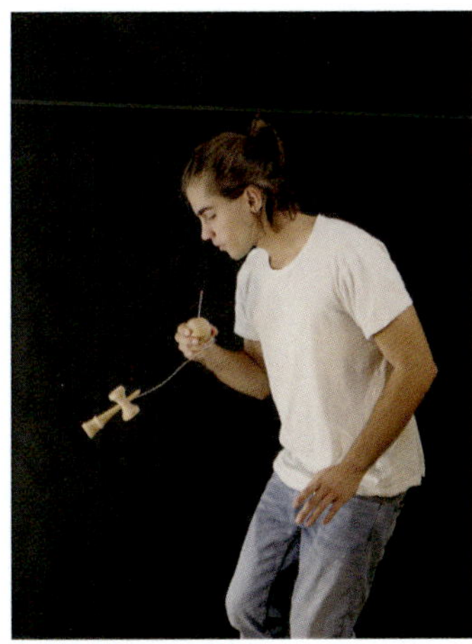

Konzentrier dich auf den Big Cup, während das Ken sich neigt. Bevor das Ken seinen höchsten Punkt erreicht und wieder herabfällt, platzierst du das Tama unter dem Big Cup.

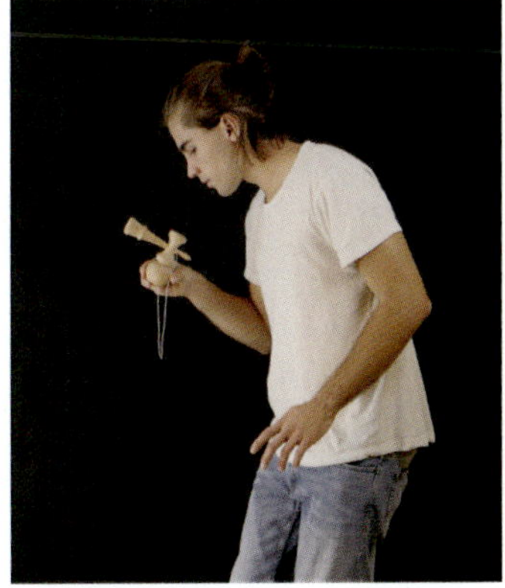

Beim Lunar ist es sehr wichtig, die Landung ausreichend mit den Knien abzudämpfen. Wie beim Lighthouse hilft es auch hier, zuvor das Balancieren zu üben. Lege dazu das Ken einfach in der Lunar-Position auf das Tama und versuch, es so lange wie möglich oben zu halten.

36. STILT

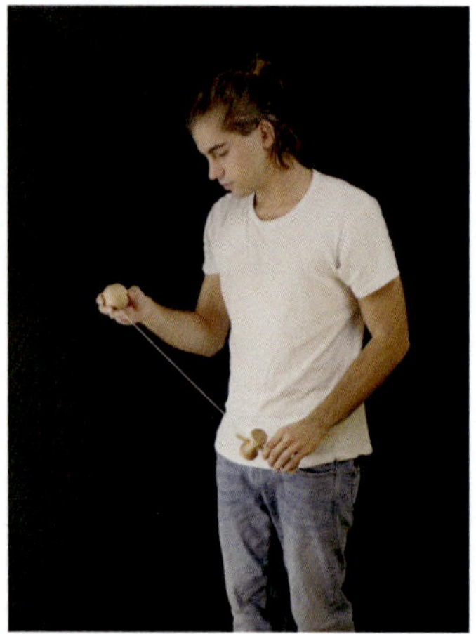

Dieser Schritt gleicht der Erklärung für Lunar.

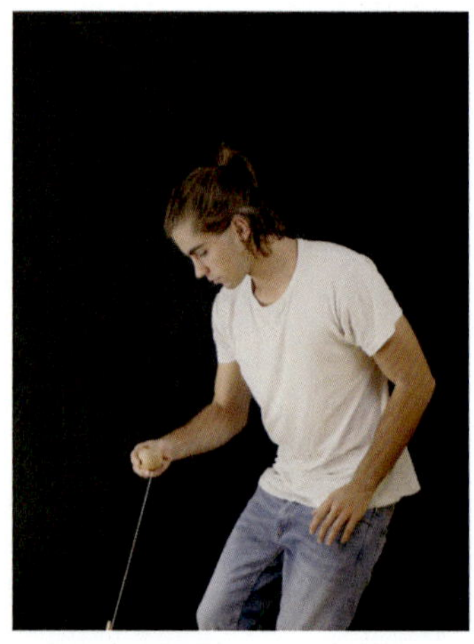

Auch hier ist der Hergang gleich wie beim vorherigen Trick.

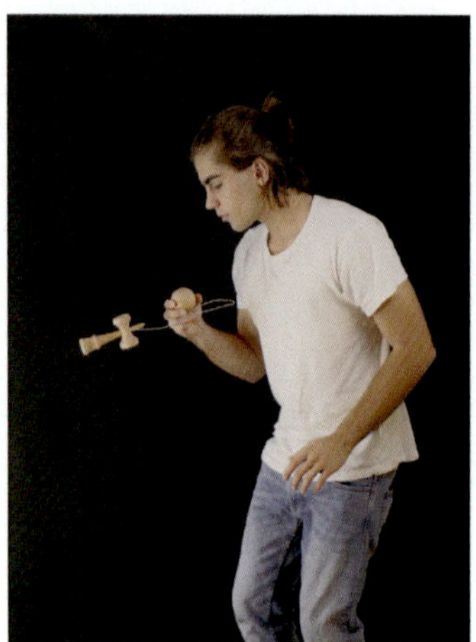

Du fängst das Ken auf dem Rand des Big Cups, wobei die Spitze zur Stabilisation am Tama lehnt.

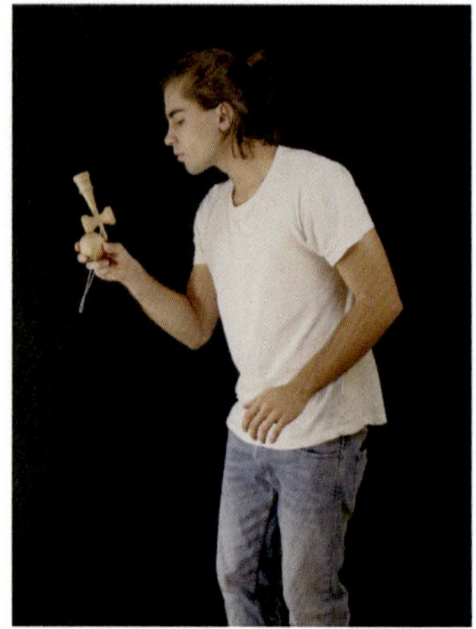

Es wichtig, die Knie richtig einzusetzen. Richtig ausgeführt sitzt der Stilt im Endeffekt fest auf dem Tama und bewegt sich im Vergleich zu Lighthouse oder Lunar kaum.

37. UFO

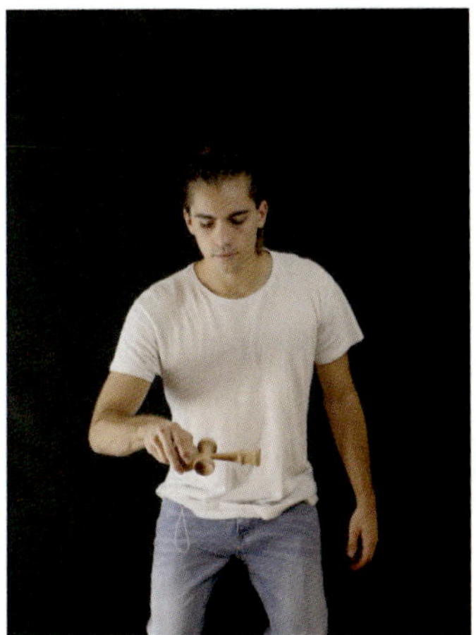

Halt dein Kendama im Tama-Griff und neig es in die Horizontale, der Small Cup sieht dich an. Auf ihn musst du achten, das erleichtert dir den Trick.

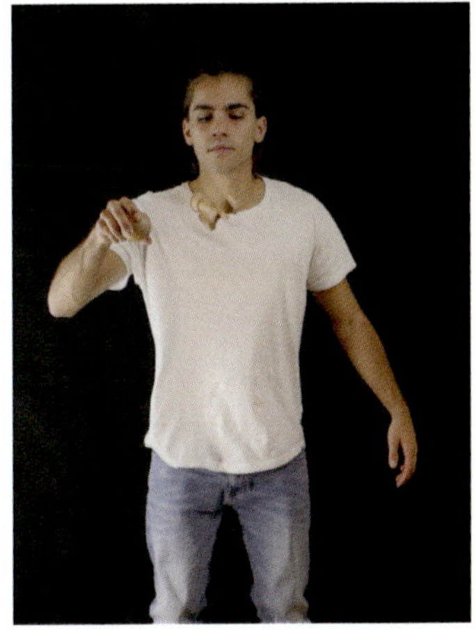

Geh aus den Knien, lass das Ken aus dem Tama gleiten und drück gleichzeitig mit deiner Hand nach vorne, das versetzt das Ken in Rotation.

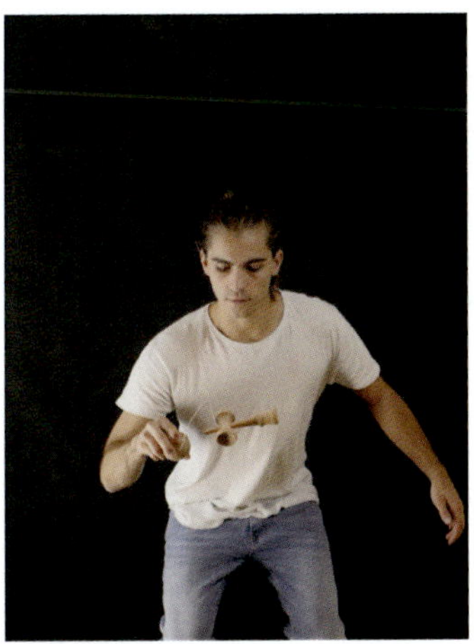

Lass deinen Blick auf dem Small Cup. Wenn dieser „wiederkommt“, beweg das Tama seitlich auf das Ken zu und spieß es auf.

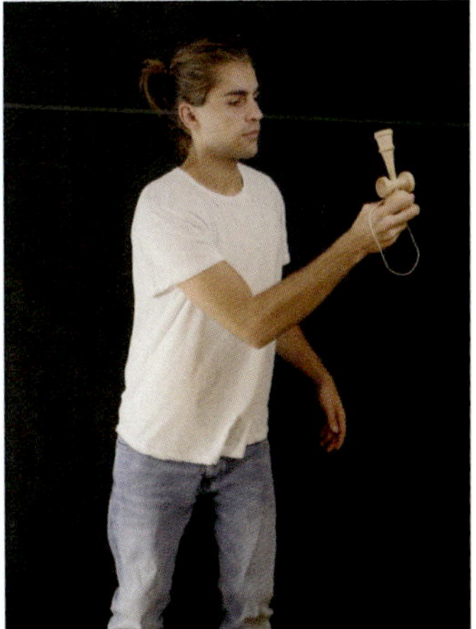

Hast du das Ken im Tama, dreh deine Hand gleich nach oben.

38. PINKIE POKE

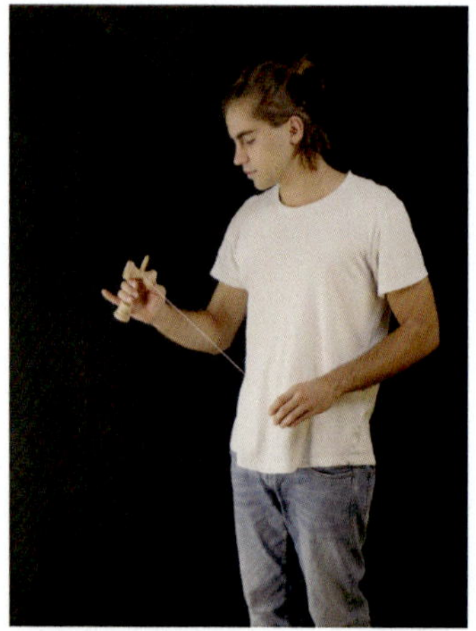

Der Pinkie Poke ist genau gleich wie der Swing In, nur fängst du das Tama auf deinem kleinen Finger, statt auf dem Spitz..

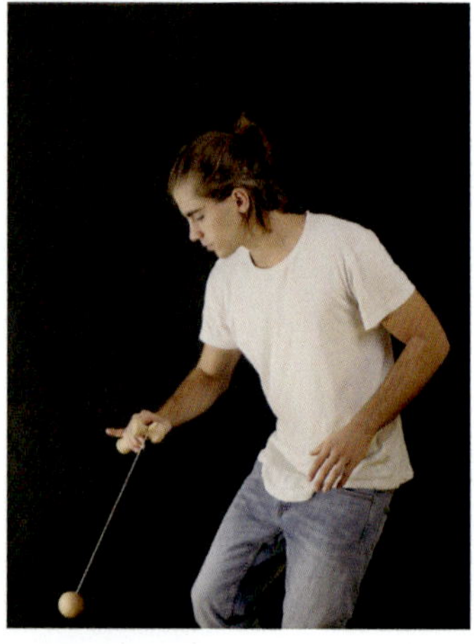

Variationen: *Pinkie-Earthturn, Pinkie-Spike (beispielsweise. von den Cups) oder auch Spike to Pinkie.*

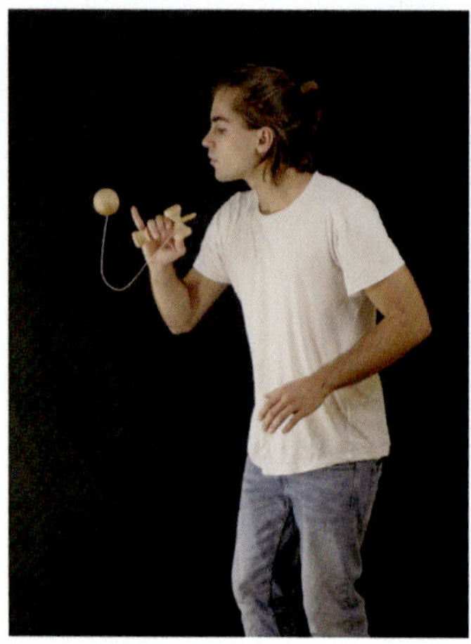

Sachte, sachte! Er soll schließlich ganz bleiben.

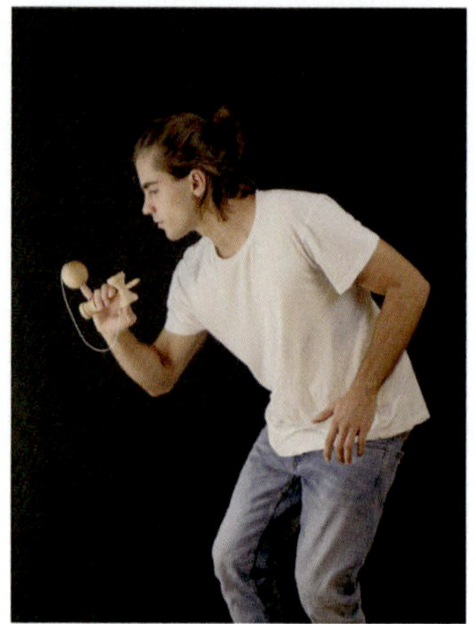

39. LIGHTHOUSE FLIP / TOUDAI-TONBOGAERI

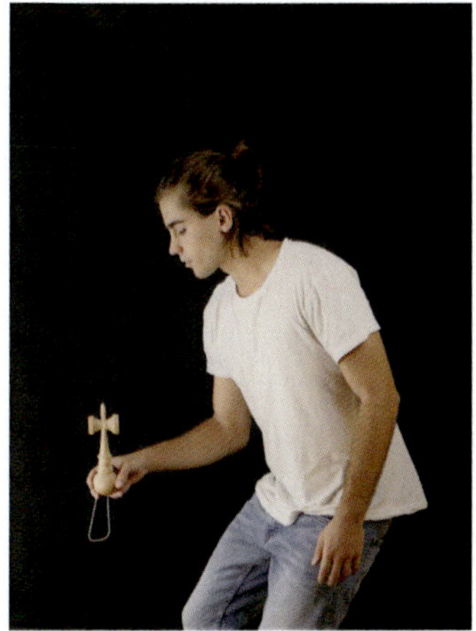

Deine Ausgangsposition ist hier das Lighthouse.

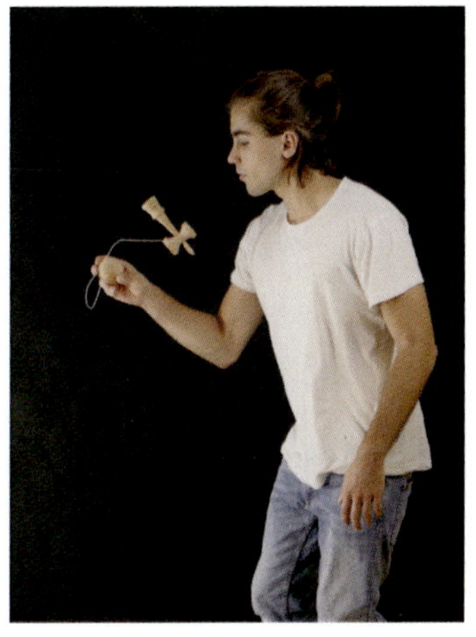

Wirf das Ken mit einer Vorwärtsbewegung in die Luft, sodass es eine Drehung macht.

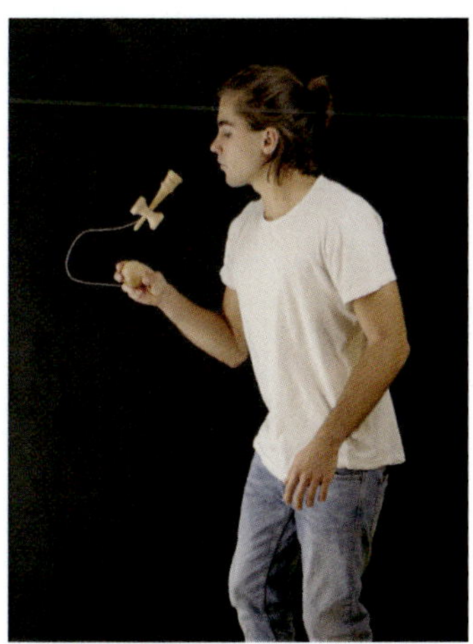

Konzentrier dich auf den Base Cup, sobald er wieder sichtbar ist.

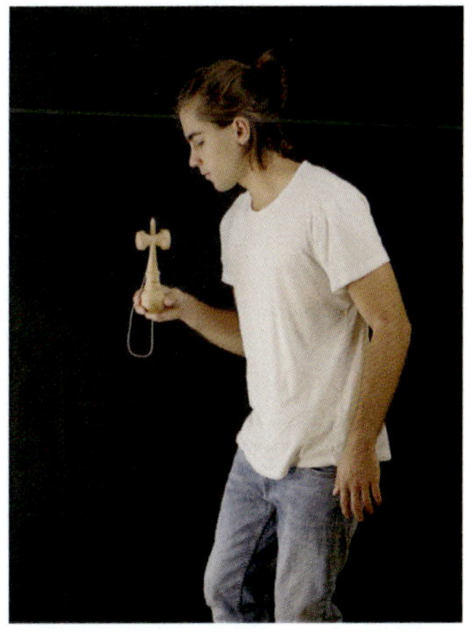

Fang das Ken in der Lighthouse-Position und nutz zur Abwechslung deine Knie für eine weiche Landung.

Variationen: *„Flips" kannst du ebenso von Lunar, Stilt oder Bird aus machen.*
Natürlich kannst du, wie immer, auch doppelte, dreifache oder Drehungen in die entgegengesetzte Richtung versuchen. Einen Trick, der in die entgegengesetzte Richtung geht, nennt man übrigens „Inward". Als Beispiel: Inward Lighthouseflip, Inward Lunarflip etc.

40. DOWNSPIKE

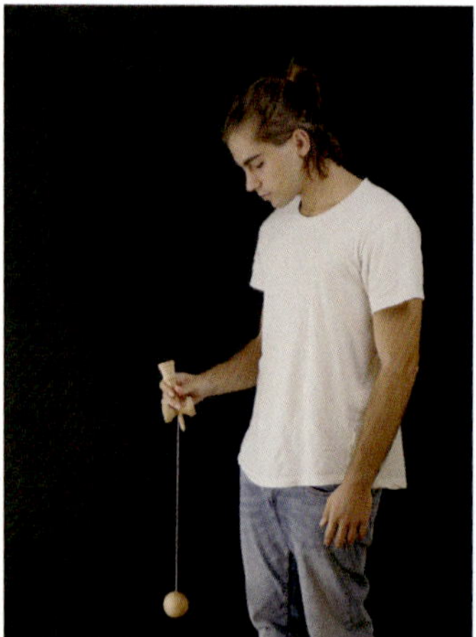

Du startest im Sara-Griff, das Tama schwingt wild durch die Gegend. Still ... es hängt natürlich still.

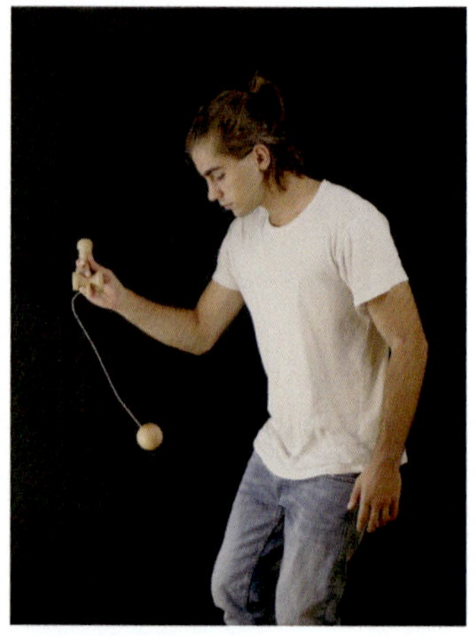

Zieh das Tama mit einer Vorwärtsbewegung nach oben.

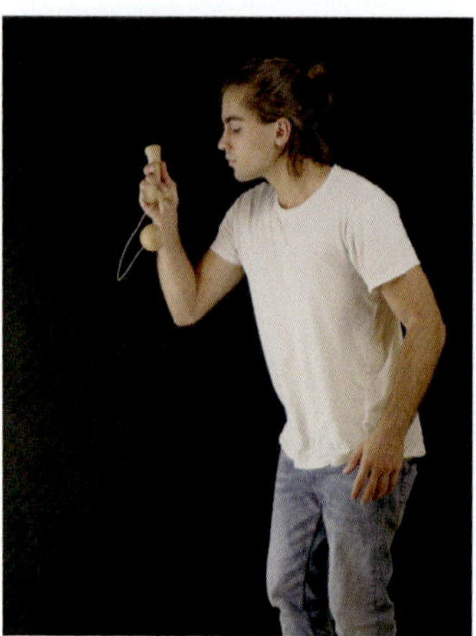

Das Tama dreht sich dank deiner Handbewegung, während du konzentriert darauf wartest, dass das Loch gerade nach oben zeigt.

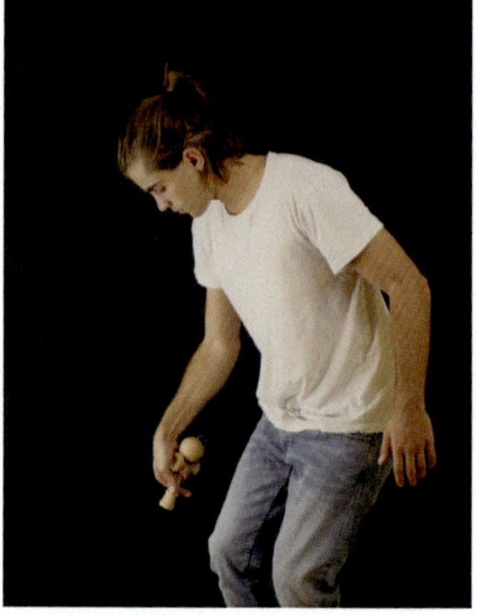

Wenn das Loch nach oben zeigt, stößt du mit dem Ken nach unten in das Tama und drehst deine Hand in derselben Bewegung nach hinten, damit der Spitz auch drinnen bleibt.

Als Übung für den Downspike ist es ganz hilfreich, das Tama zuerst im Sara Griff auf dem Base Cup zu fangen. Wenn du auch hier mit einer Vorwärtsbewegung hochziehst, landet es optimalerweise mit dem Loch nach oben. Dann kannst du dich an den Downspike vom Base Cup aus heranarbeiten.

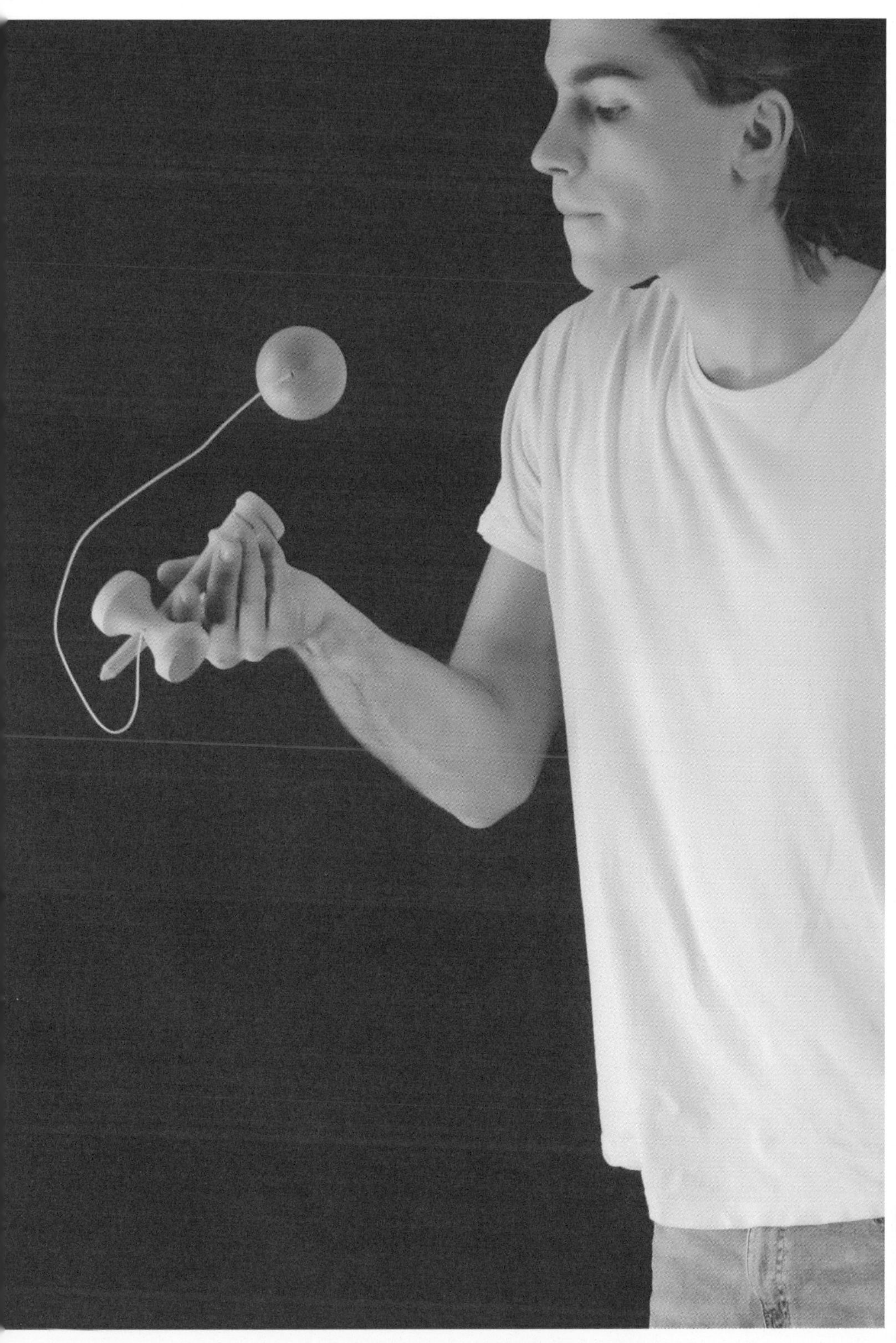

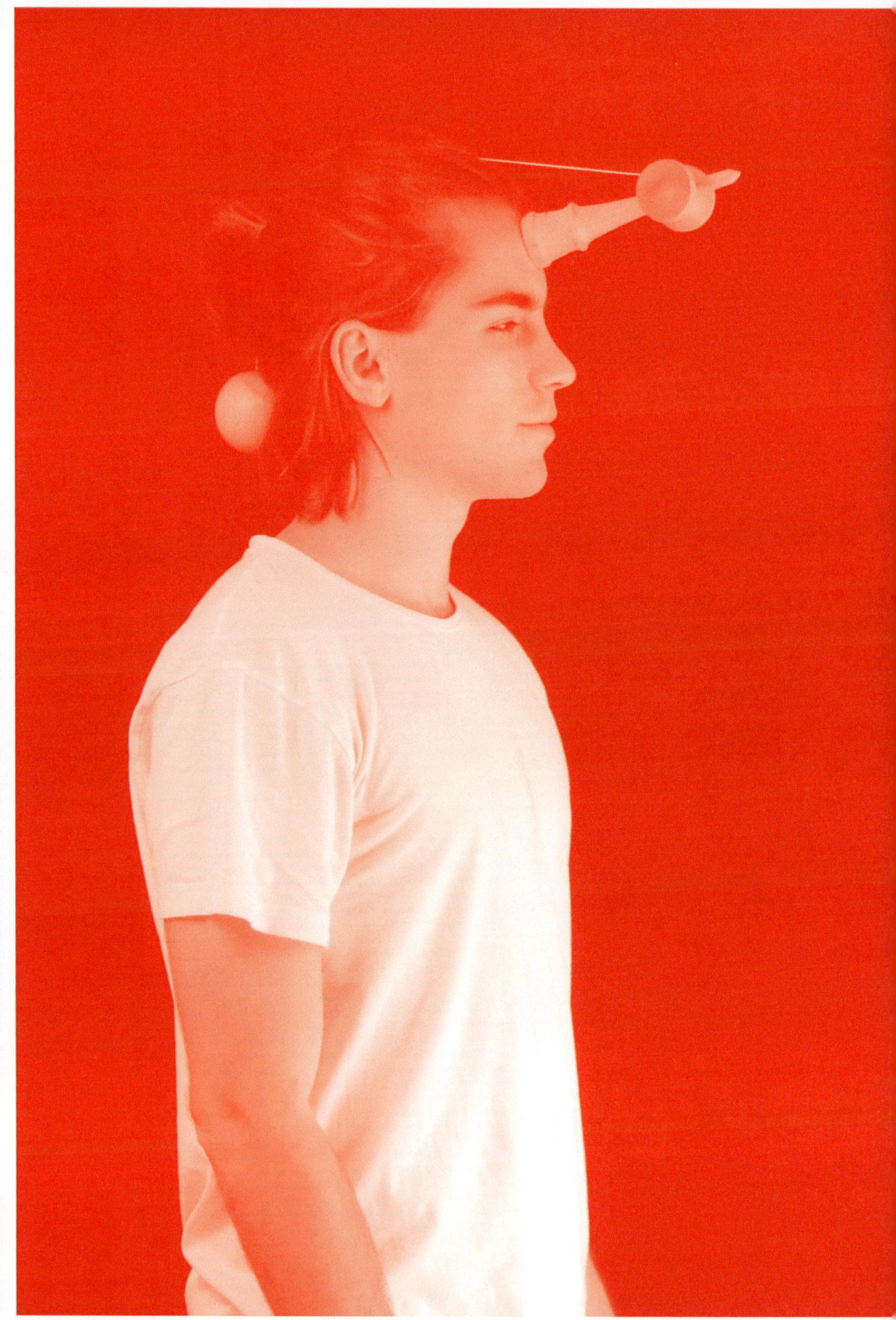

TRICK-KOMBINATIONEN

Das Kendama ist unglaublich vielfältig, über 1000 Tricks sind damit möglich. Viele davon ergeben sich durch deren Kombination. Der Kreativität sind dabei keine Grenzen gesetzt. Abgesehen vom Aneinanderreihen gibt es auch viele Erweiterungen einfacher Tricks. Beim Kombinieren ist grundsätzlich wichtig, dass die Kugel nicht herunterfällt oder den Körper berührt und du das Tama am Ende immer erfolgreich aufspießt. Eine Kombination an Tricks gilt immer nur dann als erfolgreich abgeschlossen, wenn das Tama aufgespießt wurde. Scheiterst du bei dem Versuch, noch einen weiteren Trick (wie zum Beispiel Earthturn) drauf zu setzten, dann gilt deshalb die gesamte Kombination als fehlgeschlagen.

Hier ein paar Beispiele für dich, als kreativer Anstoß:

ORBIT

Falls du den Orbit noch nicht kennst, finest du auf Seite 35 die Anleitung dazu. Bist du schnell genug, versuche es mit einem doppelten Orbit, mache also zwei Umdrehungen, bevor du das Tama wieder fängst.

Ebenso kannst du bei einem Pull Up-Orbit das Tama gleich beim Hochziehen umkreisen und erst dann fangen.

Falls der Orbit bereits gut sitzt, kannst du auch versuchen, währenddessen den Becher zu wechseln. Zum Beispiel: Big Cup – Orbit auf Small Cup – Orbit auf Base Cup – Orbit auf Big Cup – Spike

SPIKES UND MEHR

Wenn du einmal erfolgreich gespiket hast, kannst du immer noch Tricks draufsetzten. Etwa den Earthturn, wie auf Seite 45 beschrieben.

Wirfst du das Tama etwas stärker, kannst du auch einen doppelten Earthturn schaffen, das Tama dreht sich also in einem Wurf zweimal um die eigene Achse. Ein Whirlwind ist ein Earthturn (Seite 45), gepaart mit einem Kenflip (Seite 57). Du wirfst also zuerst die Kugel mit einer Rotation vom Spike, machst dann schnell einen Kenflip und spießt sie nach einer Umdrehung wieder auf. Bei einem Reverse Earthturn drehst du das Tama einfach in die verkehrte Richtung. Auch hier kannst du es wieder doppelt oder auch dreifach drehen.

Es muss jedoch nicht immer ein Wechsel von Spike zu Spike sein. Versuche etwa: Big Cup – Spike – Earthturn to Bird – Falling in! In diesem Fall drehst du das Tama vom Spike und fängst es danach in Bird Position, mit dem Loch auf der Becherkante.

HIER NOCH EIN PAAR WEITERE KOMBINATIONEN:

Around Prefecture:
Base Cup – Spike

Around Europe:
Big Cup – Spike – Small Cup – Spike – Base Cup – Spike

Around USA: Big Cup – Spike – Earthturn – Small Cup – Spike – Earthturn – Base Cup – Spike – Earthturn

Around Bird: Big Cup – Bird – Small Cup – Bird – Base Cup – Bird – Spike

Nicht jede Trickkombination hat einen spezifischen Namen, außer du lässt dir einen einfalllen.

Aeroplane – Half Flip to Lighthouse – Lighthouse Flip – Trade to Big Cup – Orbit – Spike

Big Cup – Knee Bounce – Spike – Whirlwind

Lunar – Lunar Flip – Lighthouse – Tradespike – Flying Top

Sei Kreativ!
Selbst der unglaublichste Trick ist schaffbar, wenn du es willst.

MINISPIELE

Mit dem Kendama kannst du nicht nur alleine spielen, sondern auch mit und gegen andere. Hier die beliebtesten Kendama-Minigames:

GAME OF KEN

Spieler*innenanzahl: 2+

Game of Ken ist so ziemlich das beliebteste Minigame, um sich mit anderen Spieler*innen zu messen.Zuerst legt ihr eine/n Spieler*in fest, der/die beginnt. Das könnt ihr zum Beispiel tun, indem ihr der Reihe nach versucht, so viele *Earthturns* oder *Jumpingsticks* wie möglich zu machen. Dabei hat jede*r nur einen Versuch, jene Person mit der höchsten Anzahl beginnt. Der/die erste Spieler*in legt nun einen beliebigen Trick vor, dafür hat man genau einen Versuch. Wird der Trick gestanden, müssen ihn die anderen Spieler*innen nachmachen. Jeder hat drei Versuche, um den vorgezeigten Trick zu schaffen. Klappt es auch mit dem dritten Versuch nicht, bekommt der/diejenige einen Buchstaben, beginnend mit „K". Hat ein/e Spieler*in K.E.N. zusammen, scheidet man aus. Wer am Ende die wenigsten Buchstaben hat, gewinnt.

FOLLOW

Spieler*innenanzahl: 2+

Das Spiel *Follow* ist gut zu vergleichen mit „Ich packe meinen Koffer". Der/die Beginner*in startet mit einem einfachen Trick. Die nächste Person in der Reihe muss jetzt den vorherigen Trick nachmachen und obendrein einen eigenen Trick hinzufügen. *Beispiel: Spieler*in 1 – Big Cup. Spieler*in 2 – Big Cup + Orbit usw.* Jede/r Spieler*in hat zwei Versuche, um die Abfolge an Tricks zu wiederholen, und insgesamt zwei Leben. Schafft jemand die gesamte Kombination und scheitert beim eigenen Trick, verliert er kein Leben und kann dafür einfach nichts mehr hinzufügen.

SPIKE OFF

Spieler*innenanzahl: 3+

Für *Spike Off* braucht ihr eine/n Moderator*in und mindestens zwei Mitspieler*innen. Der/die Moderator*in gibt einen beliebigen Trick vor, der dann von den anderen nachgemacht werden muss. Um den Trick nachzumachen, haben die Spieler*innen nur einen Versuch. Oft spielt man mit nur einem Leben, die Anzahl könnt ihr aber auch variieren. Gewinner*in ist, wer als Letzte*r übrigbleibt.

UNICORN YOGA

Spieler*innenanzahl: 3+

Das Kendama greift ihr am Base Cup, wobei die Seite des Sara-Do, aus der die Schnur herauskommt, von euch weg zeigt. Als nächsten Schritt haltet ihr euch den Base Cup an die Stirn und hängt das Tama gerade über euren Kopf nach hinten. Hier ist die Seite, aus der die Schnur kommt, oben. Wenn ihr die optimale Position gefunden habt, sollte euer Horn nun stehen. Haben alle Mitspieler*innen ihre Hörner balanciert, kann das Spiel beginnen. Der/die Moderator*in der Runde gibt nun verschiedene Übungen (Kniebeuge, Ausfallschritt, auf die Knie, hinsetzen, Drehungen, High Five etc.) vor, die Mitspieler*innen müssen diese ausführen und dabei das Horn auf der Stirn behalten. Das letzte Einhorn gewinnt.

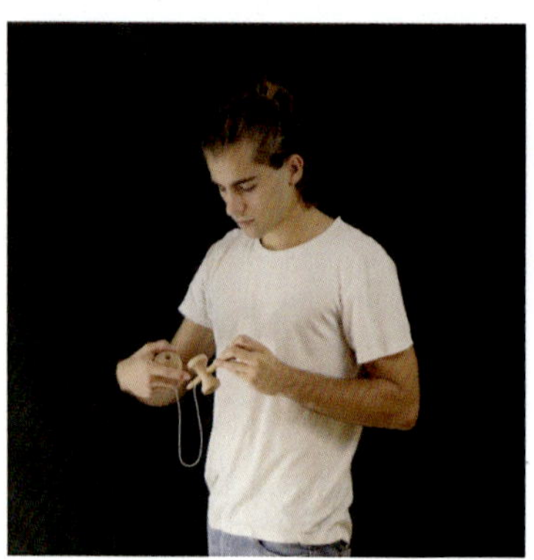

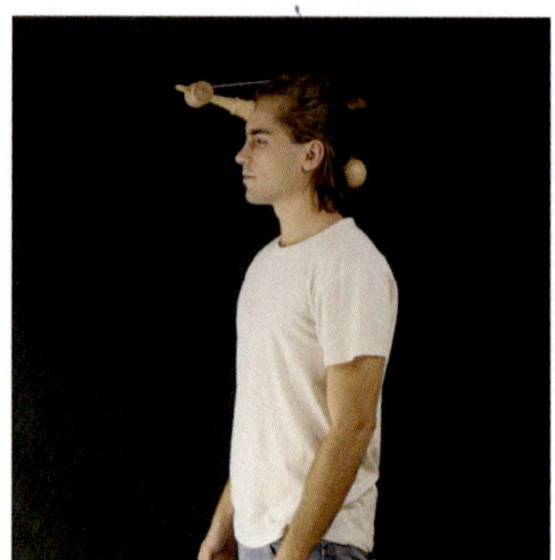

CANDLESTICK BATTLE

Spieler*innenanzahl: 3+

Den Trick *Candlestick* kennen wir ja schon. Jede/r Spieler*in startet also in dessen Position, muss jedoch seine freie Hand hinter dem Rücken behalten. Nun braucht ihr ein Spielfeld und wieder eine*n Moderator*in, der/die verschiedene Kommandos zur Ausführung gibt. Je nach Kommando müsst ihr zum Beispiel wild durcheinanderlaufen, nur noch auf einem Bein hüpfen, rückwärts gehen, das Spielfeld verkleinern, euch nicht berühren oder euch gegenseitig das Tama vom Becher stoßen. Fällt dein Tama herunter, scheidest du aus. Wie so oft gewinnt der/die Letzte, der das Tama noch am Becher hat. Habt ihr einen Turnsaal oder eine Halle zur Verfügung, könnt ihr auch einen Hindernisparcours aufstellen und euch im Staffellauf herausfordern.

MOSHIKAME BATTLE

Spieler*innenanzahl: 2+

Moshikame ist, wie wir wissen, das Wechseln zwischen Big und Base Cup im Sara-Griff.

Stellt euch in einem Kreis zusammen und fangt alle das Tama im Big Cup. Auf los müssen alle zugleich mit *Moshikame* beginnen. ***Ihr könnt auch Musik laufen lassen, um einen Takt beim Fangen vorzugeben.*** Fällt jemandem das Tama herunter, scheidet er/sie aus und muss sich sein Kendama umhängen. Gewinner*in ist, wer *Moshikame* am längsten ausführt, ohne dass das Tama fällt.

MOSHIKAME RACE

Spieler*innenanzahl: 2+

Zu Beginn legt ihr einen Start- und einen Zielpunkt fest. Hat jede/r Spieler*in sein Tama im Big Cup, kann es auf Kommando losgehen. Wie ihr euch schon denken könnt, müsst ihr nun schnellstmöglich von A nach B laufen. Die Challenge dabei ist, dass alle Spieler während dem Laufen *Moshikame* ausführen müssen. Fällt jemandem das Tama vom Becher, muss er/sie schnell zurück an den Start und von neuem beginnen. Um das Spiel interessanter zu machen, könnt ihr nicht nur von A nach B, sondern auch von A nach B nach A laufen oder zusätzliche Regeln einbringen, wie etwa rückwärts zu gehen. Der/die Erste im Ziel gewinnt.

LIGHTHOUSE ENDURANCE

Spieler*innenrzahl: 3+

Voraussetzung für dieses Spiel ist natürlich, dass ihr den Trick *Lighthouse* könnt. Ein/e Moderator*in gibt, wie beim *Unicorn Yoga*, verschiedene Übungen vor. Diese führt ihr aus und müsst dabei die ganze Zeit das *Lighthouse* halten. Wie beim *Unicorn* Yoga oder *Candlestick* Battle, habt in diesem Spiel nur ein Leben. Wer also sein *Lighthouse* am längsten hält, gewinnt. Je nachdem, wie gut euer Können ist, könnt ihr es auch mit einem Hindernisparcours oder Wettrennen versuchen.

PARTNER CATCHING

Spieler*innenanzahl: 4+

Findet euch in Zweierpaaren zusammen, hier ist Teamwork gefragt.
Dieses Spiel besteht aus zwei Schritten. Auf „Los" startet ihr und müsst euch nun gegenseitig das Tama auf den Big Cup werfen. Person A startet also und zieht sein Tama in die Höhe, damit Person B es fangen kann. Liegt das Tama sicher am Big Cup, fixiert ihr es mit eurem Daumen und versucht nun, das andere Tama auf den Becher eures Gegenübers zu bekommen. Ihr fangt also gegenseitig eure Tamas. Das erste Team, dem das gelingt, gewinnt das Spiel.
Lasst eurem Partner/eurer Partnerin etwas Spielraum mit der Schnur, sonst reißt ihr das Tama gleich wieder vom Becher.

TAMA PASS

Spieler*innenanzahl: 4+

Hierzu braucht ihr ein schnurloses Tama und natürlich jeweils ein Kendama. Stellt euch im Kreis auf, macht aus, wer beginnt und legt dann das Tama auf den Basecup des/der Beginner*in. Die Challenge ist, das Tama dem/der jeweiliger/en Nachbar*in zu übergeben, ohne es fallen zu lassen. Ihr könnt das Spiel mit Ausscheiden oder als Teamübung spielen und sehen, wie oft ihr das Tama im Kreis herumreichen könnt.

KENDAMA TURM

*Spieler*innenanzahl 4+*

Der Name sagt hier fast schon alles. Geht zuerst in Zweierpaaren zusammen, jede/r sollte sein/ihr Kendama aufgewickelt bei sich haben. Nun stellt einer der beiden sein/ihr Kendama auf den Boden und der/die andere versucht das andere Kendama mit dem Base Cup auf dem Tama so zu balancieren, dass es ganz von alleine stehenbleibt. Ist das geschafft, ist der/die andere an der Reihe und versucht sich in derselben Aufgabe. Ist die erste Form des Turmes bewältigt, versucht doch einmal das zweite Kendama mit dem Big Cup auf dem Tama zu balancieren. Was für andere Formen fallen euch noch ein? Im zweiten Teil des Spiels könnt ihr euch zu viert oder gar zu sechst zusammentun und einen riesigen Turm aus all euren Kendamas bauen. Wieviele Variationen gibt es wohl und wer schafft den höchsten Kendama Turm?

STAFFELLAUF

*Spieler*innenanzahl: 6+*

Habt ihr einen Turnsaal oder einen größeren Bereich zur Verfügung, könnt ihr euch in Teams zusammentun und im Staffellauf gegeneinander antreten. Euer Team stellt sich in einer Reihe auf und muss nun nacheinander schnellstmöglich von A nach B laufen. Die Schwierigkeit dabei ist jedoch, dass ihr erst loslaufen dürft, wenn ihr einen Trick geschafft habt. Zum Beispiel *Big Cup.* So läuft dann also der Erste los, sobald er das Tama im Big Cup gefangen hat. Der/die Zweite darf nach einem Abklatschen beginnen und macht entweder denselben oder einen neuen Trick. Die Tricks und deren Reihenfolge bleiben euch überlassen. Wichtig dabei ist, dass ihr den Trick beim Laufen auch halten müsst. Das Tama muss so zum Beispiel immer auf dem Big Cup liegen bleiben. Fällt es herunter, bleibst du sofort stehen und darfst erst weiter machen, wenn du den Trick wieder geschafft hast.

Die Anzahl der Tricks wird durch die Anzahl der Mitspieler*innen bestimmt. Ihr könnt die Schwierigkeit mit jedem/er Kandidat*in steigern, oder immer beim selben Trick bleiben. *Achtet bei der Reihenfolge eures Teams auch auf das Können der jeweiligen Spiele/der jeweiligen Spielerin.*

WEAK HAND TRAINING

Versuch zwischendurch auch mal, mit deiner schwächeren Hand zu spielen. Weak Hand Training ist zwar kein Minigame, kann aber Bestandteil eines Spiels oder einer Challenge werden. Du hast so ganz neue Möglichkeiten, Tricks zu kombinieren und darüber hinaus ist es auch noch ein super Training für die Gehirnhälften.

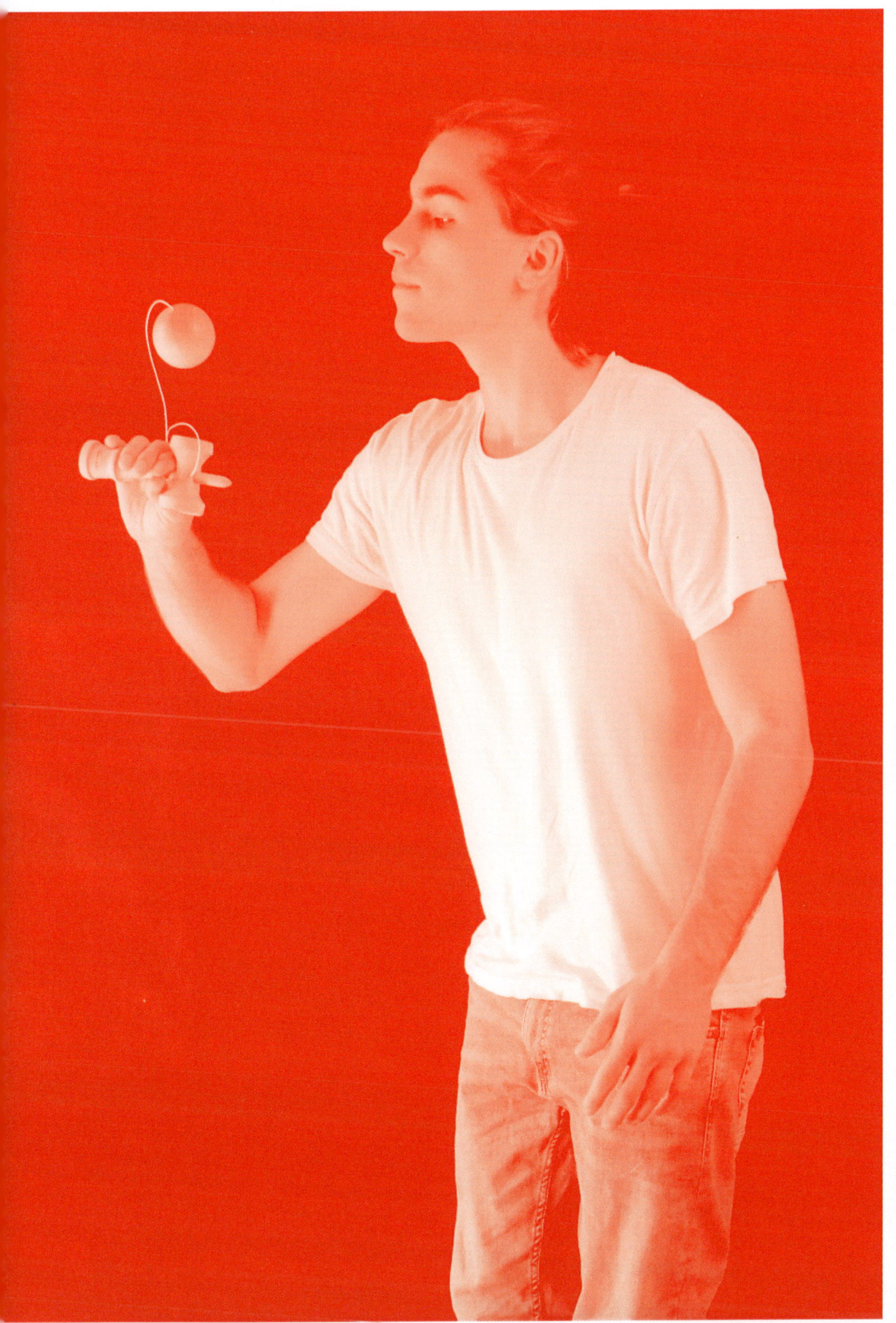

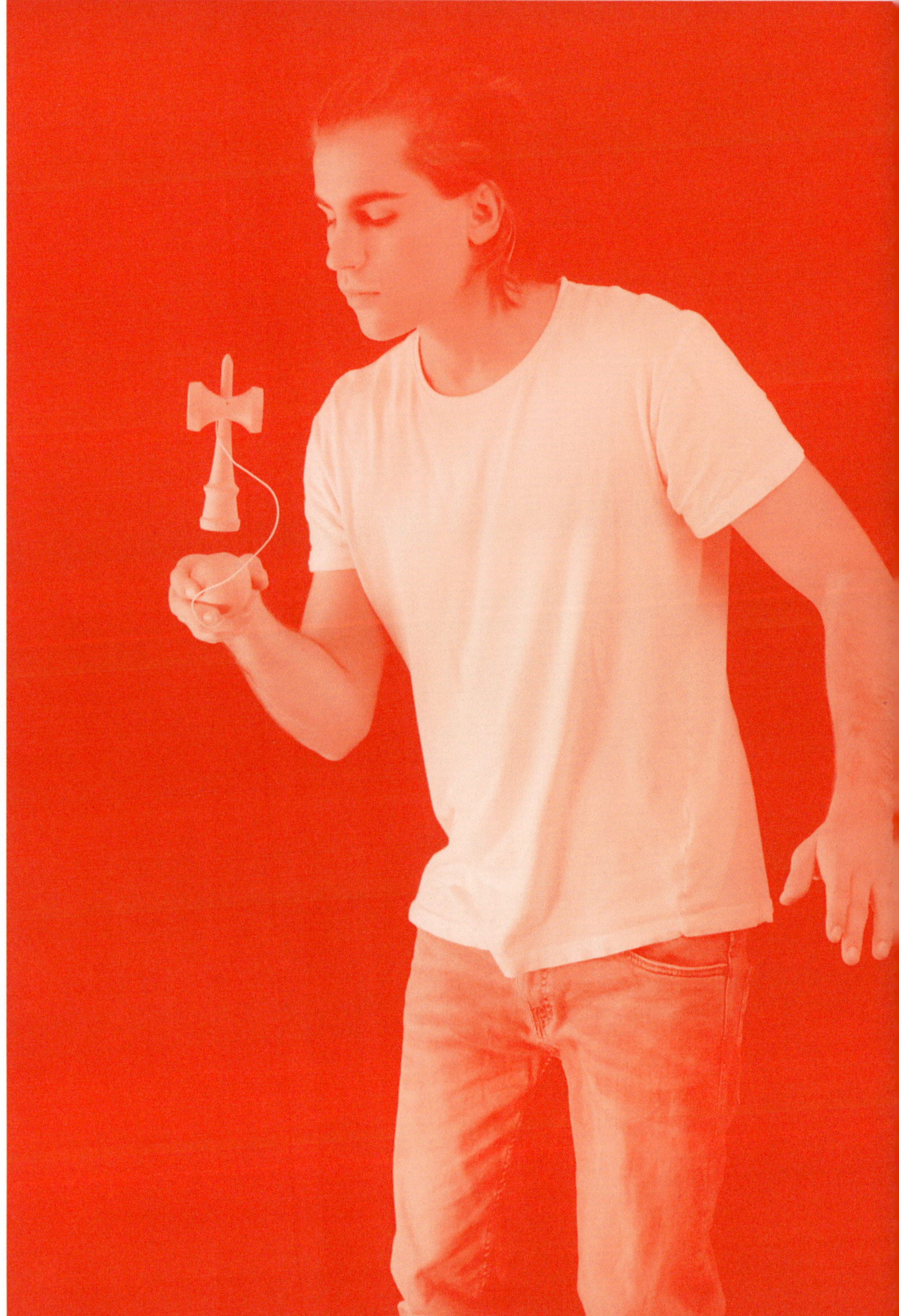

TRICK NOTEBOOK

Wie gut kannst du deine Tricks schon und wofür musst du noch üben?

Diese Tabelle hilft dir dabei, den Überblick über dein Können zu bewahren und dir zugleich Ziele zu setzen. Du hast hier jeden der in diesem Buch erklärten Tricks aufgelistet und kannst deine Erfolge direkt eintragen. Schaffst du einen Trick ein von zehn Mal, kannst du das jeweilige Kästchen abhaken. Gelingt er dir schon zwei von zehn Mal, mach einen Haken in das zugehörige Feld und so weiter.

Nr.	Seite	Trick	1 von 10	2 von 10	3 von 10	4 von 1
1		**Big Cup**				
2		**Small Cup**				
3		**Base Cup**				
4		**Candlestick**				
5		**Swing to Candle**				
6		**Drop & Pop**				
7		**Switch & Pop**				
8		**Orbit**				
			10	**20**	**30**	**40**
9		**Moshikane**				
10		**Knie Bounce**				
11		**Trapez Acrobats**				
12		**Tap**				
13		**Spike**				
14		**Hanging Spike**				
15		**Faster than Gravity**				
16		**Aeroplane**				
17		**Swing In**				
18		**Earthturn**				
19		**Around Japan**				
20		**Around the world**				

5 von 10	6 von 10	7 von 10	8 von 10	9 von 10	10 von 10
50	**60**	**70**	**80**	**90**	**100**

Nr.	Seite	Trick	1 von 10	2 von 10	3 von 10	4 von 10
21		**Slip on Stick**				
		Sekunden	**3**	**6**	**9**	**12**
22		**Lighthouse**				
23		**Lighthouse Practice**				
24		**Falling In**				
25		**Tradespike**				
26		**Flying Top**				
27		**Jumping Stick**				
28		**Aeroplane to Basecup**				
29		**Reverse Gravity**				
30		**Kenflip**				
31		**Half Flip**				
32		**Bird**				
33		**1 Turn Lighthouse**				
34		**Stuntplane**				
35		**Lunar**				
36		**Stilt**				
37		**UFO**				
38		**Pinkie Poke**				
39		**Lighthouse Flip**				
40		**Downspike**				

5 von 10	6 von 10	7 von 10	8 von 10	9 von 10	10 von 10
15	**18**	**21**	**24**	**27**	**30**

ÜBER MICH

Übrigens, mein Name ist Lukas Beck, ich bin 1996 in Wien Umgebung geboren worden und spiele seit 2013 Kendama. Ich bin damals durch Zufall im Internet darauf gestoßen und war von seiner Vielfalt sofort begeistert. In kurzer Zeit habe ich damit meinen gesamten Freundeskreis angesteckt und gemerkt, dass Kendama etwas mehr kann, als Freude am Spielen zu bringen. Seitdem ist mein Ziel, Kendama und alles was damit einher geht zu verbreiten. Ich will Kinder und Erwachsene darin fördern, den spielerischen Aspekt ihres Lebens zu erhalten und sich selbst dabei etwas Gutes zu tun. Deshalb arbeite ich unter anderem in Schulen, wo ich Kendama lehre und dessen Einsatz ermögliche.
Meine liebsten Tricks sind übrigens Juggles ...

Juggles??? Wie Juggles?

...

Ach ja, ...

Äh, ...

Davon mehr beim nächsten Mal ...

DANKSAGUNG

Dabei nutze ich gleich die Gelegenheit und danke Christopher, Lukas, David, Maximilian, Christoph, Florian und Raphael, den ursprünglichen Mitgliedern von „Greendama“, Österreichs erster Kendama-Marke, für ihren jeweiligen Beitrag an meinem Traum Kendama in die Welt zu bringen.

Ebenso an meine Eltern, danke für eure Unterstützung und all den Rat.
Danke Johannes.
Danke ACHSE Verlag.

www.achseverlag.com
www.kendama-austria.at